汉字里的中国

许晖 著

藏在汉字里的
古代博物志

化学工业出版社
·北京·

图书在版编目（CIP）数据

藏在汉字里的古代博物志 / 许晖著. —北京：化学工业出版社，2020.6（2023.2重印）
（汉字里的中国）
ISBN 978-7-122-36481-4

Ⅰ.①藏… Ⅱ.①许… Ⅲ.①汉字–研究 ②自然科学史–研究–中国–古代 Ⅳ.①H12②N092

中国版本图书馆CIP数据核字（2020）第046927号

责任编辑：周天闻　龚风光　　　　选图、解说：芸　窗
责任校对：边　涛　　　　　　　　装帧设计：今亮后声·HOPESOUND
　　　　　　　　　　　　　　　　　　　　　pankouyugu@163.com

出版发行：化学工业出版社（北京市东城区青年湖南街13号　邮政编码100011）
印　　装：北京新华印刷有限公司
880mm×1230mm　1/32　印张10　字数270千字　2023年2月北京第1版第4次印刷

购书咨询：010-64518888　　　　　售后服务：010-64518899
网　　址：http://www.cip.com.cn
凡购买本书，如有缺损质量问题，本社销售中心负责调换。

定　　价：68.00元　　　　　　　　　　　　　　　　版权所有　违者必究

动物篇

禽

手持带柄的网去捕捉禽兽

> 鹦鹉能言，不离飞鸟；猩猩能言，不离禽兽
> ——《礼记》

❶

❷

❸

《礼记·曲礼上》："鹦鹉能言，不离飞鸟；猩猩能言，不离禽兽。"禽、兽并举。

先说禽，甲骨文字形❶，这是一个象形字，上面是网，下面是网的柄，因此"禽"的本义是捕捉禽兽的工具。金文字形❷，在网具上面添加了一个表声的符号"今"，变成了一个形声字。也有人说上面是一个盖子，表示将捕捉到的鸟儿放到封闭空间里。金文字形❸，网具的长柄左侧添加了一只手，表示以手持柄。小篆字形❹，从金文演变而来，变得异常复杂起来。段玉裁认为下面像禽兽的足迹，中间的"凶"字像禽兽的头。这种解释很牵强，跟原始字形差别过大。

《说文解字》："禽，走兽总名。"这是"禽"的引申义，本义是捕捉，当动词用。"禽"用作名词后，添加了一个提手旁，变成了"擒"来作动词。《尔雅·释鸟》："二足而羽谓之禽，四足而毛谓之兽。"两条腿都长羽毛的叫禽，四条腿都长毛的叫兽。古代有六种供膳食的禽类，称作六禽。六禽有两种说法，一种说法是：雁、鹑、鷃、雉、鸠、鸽。鹑（chún）是鹌鹑的简称；鷃（yàn）通鴳，也是鹌鹑的一种；雉（zhì）是野鸡；

❹ ❺ ❻ ❼

鸠（jiū）是鸠鸽科部分鸟类的泛称。另一种说法是：羔、豚、犊、麛、雉、雁。羔是小羊；豚（tún）是小猪；犊是小牛；麛（mí）是幼鹿。

三国名医华佗还创了一种健身术，名为五禽之戏，这五禽是："一曰虎，二曰鹿，三曰熊，四曰猿，五曰鸟。"早就不专指鸟类了。

再说兽，甲骨文字形❺，这是一个会意字，左边是捕猎的工具，像长柄上用绳索缚以石块，右边是一条狗，会意为带着猎犬和工具去捕猎。金文字形❻，狗和捕猎工具的样子更加形象。小篆字形❼，变得复杂了，但还是能看出来自金文字形。简化后的字体失去了"犬"，完全看不出造字的原意了。

《说文解字》："兽，守备者也。"这其实也是"兽"的引申义，本义是捕猎。如同六禽一样，古代也有六种供膳食的兽类，称作六兽，分别是：麋、鹿、熊、麕、野豕、兔。麋鹿是今天的通称，但是古人分类很细，麋是冬至时脱角的鹿；麕（jūn）就是獐子；野豕（shǐ）就是野猪。

今天的日常用语"衣冠禽兽"是一个不折不扣的贬义词，骂人是穿戴着衣帽的禽兽，指品德极坏，行为像禽兽一样卑劣的人。但在明代却是指官员的服饰制度，文官官服绣禽，武将官服绘兽。品级不同，所绣的禽和兽也不同：文官一品绯袍，绣仙鹤；二品绯袍，绣锦鸡；三品绯袍，绣孔雀；四品绯袍，绣云雁；五品青袍，绣白鹇；六品青袍，绣鹭鸶；七品青袍，绣鸂鶒（xī chì，一种水鸟，体形大于鸳鸯）；八品绿袍，绣黄鹂；九

003

品绿袍，绣鹌鹑。武将一、二品绯袍，绘狮子；三品绯袍，绘老虎；四品绯袍，绘豹子；五品青袍，绘熊罴（pí）；六、七品青袍，绘彪（虎纹）；八品绿袍，绘犀牛，九品绿袍，绘海马。此之谓"衣冠禽兽"，本来没有贬义成分，后来因为官员们贪赃枉法，多行不义，老百姓切齿痛恨，"衣冠禽兽"才变成了贬义词，一直沿用至今。

《杏园雅集图》（局部）

明代谢环绘，绢本设色，明英宗正统二年（1437），美国大都会艺术博物馆藏

　　这是一幅具有肖像性质的雅集图卷，描绘了正统二年三月初一，时值休沐，内阁大臣杨士奇、杨荣、王直、杨溥等九位当朝重要官吏以及画家谢环本人在京师城东杨荣的府邸——杏园聚会的情景。其中，杨士奇、杨荣、杨溥均为台阁重臣，时人合称"三杨"。《杏园雅集图》不止一个版本，这是"大都会本"，另有藏于镇江博物馆的"镇江本"。

　　这部分画卷中，描绘的是"傍杏花列坐者三人：少詹事王英、大宗伯杨溥、学士钱习礼"。一人在案前持笔构思，二人在品评一幅立轴。画面人物衣冠齐整，各依品第，笔法工细，赋色浓艳。史载"三杨"中杨溥被称为"南杨"，为人廉直宽静，性情恭谨，官至内阁首辅、礼部尚书兼武英殿大学士。他位于画面正中，绯袍玉带，神态雍容，胸前的绣禽虽看不太清，按其品第，当为锦鸡。

畜

把家畜拴在田里喂养

> 六畜不相为用 ——《左传》

❶

"畜"和"蓄"本为一字,因此"畜"本身就有两个读音:chù,xù。这个汉字栩栩如生地描绘了远古时期的中国先民们将野兽驯化为家畜的过程。

畜,甲骨文字形❶,上面的字符看得很清楚,像束丝之形,也就是"系",表示用绳子系住家畜;下面的字符是什么,则众说纷纭。徐中舒先生在《甲骨文字典》中认为像田的形状,里面的小点则像草木形,意思是把家畜系在田里吃草。白川静先生则在《常用字解》一书中认为像染缸的形状,"'畜'义示将线束浸入染缸染色。长时间浸染颜色会变深,因而'畜'有了积累、保留、储蓄之义"。

畜,金文字形❷,省去了"田"里面的小点,也证明这个字符并非染缸之形。小篆字形❸,定型为上"玄"下"田"的结构。《说文解字》:"畜,田畜也。《淮南子》曰:'玄田为畜。'"许慎同时又列出了一个上"兹"下"田"的古字形,并释义为:"鲁郊礼畜从田,从兹。兹,益也。"张舜徽先生在《说文解字约注》一书中则认为"兹"表示"草木多益",因此用来会意"家畜最易繁殖"。

不过,如果仔细观察,会发现"田"里的小点并

❷　　　　　　　　　　❸

不像草木之形,很有可能是谷物,因此"畜"表示把家畜系在田里,用谷物来喂养。不管喂草还是喂谷物,并不能概括全部家畜的饲养方式,因此仅仅用来会意而已。

《淮南子·本经训》中极为形象地描述了古人驯化家畜之始:"拘兽以为畜。"也就是说,田猎所得的野兽,养起来从而驯化为家畜。古人对事物的分类极细,也表现在家畜身上:野生谓之兽,家养谓之畜,祭祀时使用谓之牲。

据《周礼》记载,周代有"庖人"一职,"掌共六畜、六兽、六禽,辨其名物"。先民最早驯化的六种动物称作"六畜",分别是马、牛、羊、鸡、犬、豕(猪)。今天人们的日常用语中还有"五谷丰登,六畜兴旺"的说法,将五谷和六畜并举,可见其源远流长。"六禽"指六种供膳的禽类,分别是雁、鹑、鷃(yàn)、雉、鸠、鸽;"六兽"指六种供膳的兽类,分别是麋、鹿、熊、麇(jūn)、野豕、兔。从名字上就可看出,"六禽"和"六兽"都是未经驯化的野生动物。

《左传·僖公十九年》中记载了一个故事,可以看出古人祭祀时对六畜严格的使用禁忌:"夏,宋公使邾文公用鄫子于次睢之社,欲以属东夷。司马子鱼曰:'古者六畜不相为用,小事不用大牲,而况敢用人乎?祭祀以为人也。民,神之主也。用人,其谁飨之?齐桓公存三亡国以属诸侯,义士犹曰薄德。今一会而虐二国之君,又用诸淫昏之鬼,将以求霸,不亦难乎？得死为幸！'"

这一年夏天，宋襄公称霸，邀请诸国会盟，鄫国因故没有赶到，国君鄫子请邾国代为说情，宋襄公却命令邾文公把鄫子抓起来杀掉，来祭祀次睢这个地方的土地神。古时祭神有祀典，必须祭祀祀典所载之神，否则就属于不合礼制的祭祀。"次睢之社"不在祀典之内，因此就是不合礼制的"淫祀"，也就是司马子鱼所言的"用诸淫昏之鬼"。

宋襄公之所以杀掉鄫子，其实是为了震慑东夷，使他们来归附自己。宋国大臣司马子鱼对这一举动进行了激烈的批评，其中提到"六畜不相为用"，是指六畜不能相互用来祭祀，比如祭祀马神只能用马来祭祀，绝不能使用别的动物，以此类推。"小事不用大牲"，比如祭祀庙门用羊，祭祀东西厢的夹室用鸡，绝不能使用牛、猪这样大的祭牲。

司马子鱼列举祭祀的禁忌，批评宋襄公居然以人为祭，哪个神敢享用？他的言辞异常刻薄："以前齐桓公恢复了三个灭亡的国家以使诸侯归附，有义士尚且评价他薄德，如今为了一次盟会而侵害两国的国君，用来行淫祀，就这样来求取霸业，不是太难了吗？能够善终就已经算是幸运了！"

鸡

抓到野鸡后用绳子捆起来驯化

半壁见海日，空中闻天鸡
——李白

❶ ❷ ❸

南朝文学家任昉所著《述异记》载："东南有桃都山，上有大树，名曰桃都，枝相去三千里。上有天鸡，日初出，照此木，天鸡则鸣，天下鸡皆随之鸣。"因此李白有诗："半壁见海日，空中闻天鸡。"天鸡者，神鸡也。

鸡，甲骨文字形❶，这是一个象形字，画得多么惟妙惟肖的一只鸡，还在仰头啼鸣呢！甲骨文字形❷，变成了一个会意字，左边是一只手抓着一根绳子，右边是一只鸡，会意为捉到鸡后拿绳子捆起来带回家，这只鸡的翅膀还扑棱着，竭力挣扎的样子惹人垂怜。甲骨文字形❸，右边手拿绳的样子有些变形，为进一步的字形讹变打下了基础。小篆字形❹，左边正式讹变为"奚"，表声，右边变为"隹"。如此一来，"鸡"又变成了一个形声字。《说文解字》中还收录了一个籀文字形❺，右边是一只鸟儿，鸡未被驯化成家禽之前，原是在山林间自由自在的野鸡。"鸡"的字形演变，非常形象地反映了古人抓到野鸡加以驯化的过程。楷书繁体字形❻，同于小篆字形。简化后的简体字，右边同于籀文字形的"鸟"。

《说文解字》："鸡，知时畜也。"鸡是报时的家

　　　　❹　　　　　　　　❺　　　　　　　　　❻

　　禽，同时还用作祭祀的牺牲。古时的祭器有鸡彝，是刻画有鸡形图饰的酒尊；还有鸟彝，是刻画有凤凰图饰的酒尊。可见鸡的地位等同于凤凰，都是用作祭祀的神鸟。周代有"鸡人"的官职，专门负责掌管祭祀用的鸡牲。

　　鸡是神鸟，还体现于"金鸡"一词。托名东方朔的《神异经》一书载："扶桑山有玉鸡，玉鸡鸣则金鸡鸣，金鸡鸣则石鸡鸣，石鸡鸣则天下之鸡悉鸣，潮水应之矣。"金鸡还是大赦时所用的仪仗，据《三国典略》记载，南北朝时期，北齐皇帝高湛即位的时候，在南宫大赦天下，掌管大赦事宜的库令在殿门外建了一座金鸡雕像。观礼的宋孝王迷惑不解，就问元禄大夫司马膺之大赦为何建金鸡雕像。司马膺之回答道："《海中星占》这本书上说，天鸡星动，当有赦。"因此帝王都以金鸡作为大赦的象征。

　　按照规定，大赦之日，要竖一根七尺长的竿子，上立四尺长、头上装饰有黄金的金鸡，击鼓千声，将百官、父老和囚徒们召唤到竿下，宣读赦令。李白《流夜郎赠辛判官》诗中有云："我愁远谪夜郎去，何日金鸡放赦回。"流放途中的李白是多么渴望看见那头金灿灿的金鸡啊，金鸡出现，就预示着大赦天下那一日的到来。

　　《海中星占》所说的"天鸡星"又叫瓠瓜星，"瓠（hù）瓜"即葫芦，古时候拿来命名天上的五颗星星。在古代占星体系中，瓠瓜星掌管阴谋筹划，掌管后宫，掌管瓜果蔬实。如果瓠瓜星星光明亮，则预示着收成很好；如果星光微弱，则预示着年景不好，帝后失宠。如果瓠瓜星移动了位置，则预示着山体晃动，洪水泛滥，这时就要大赦天下，以上承天意，下顺物情。有趣的是，古人认为"玉衡星散为鸡"。"玉衡"是北斗七星的第五星，这颗星星发出的星光，四散开来就化成了鸡。这可能就是为什么以"天鸡"来命名星星的来历。

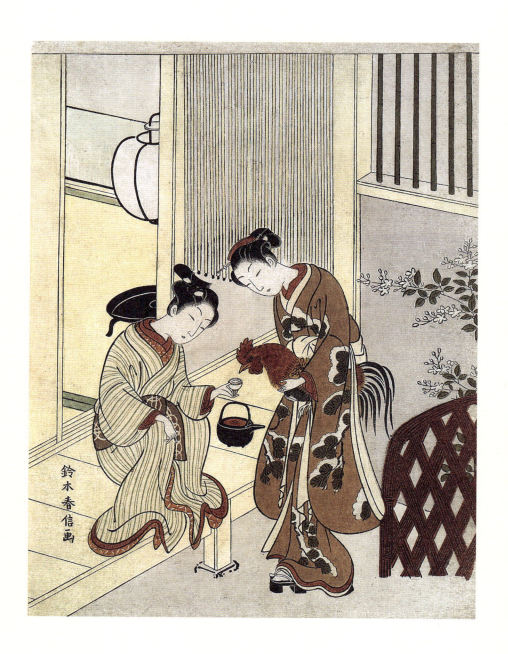

《给公鸡喂酒的男女》（鶏に酒を呑ます男女）
铃木春信绘，约1767—1768年

　　铃木春信（1724—1770），日本江户时代中期浮世绘画家，首创多色印刷版画，即"锦绘"，以美人画最著名。春信笔下的女子几乎都是少女模样，腰肢细细，手足纤巧，体态轻盈，饱满的脸颊有种天真的秀美。

　　在这幅画上，廊下一对年轻男女，正要给一只公鸡灌酒。时间似乎是傍晚。着"振袖"的女子怀中抱着的公鸡看起来颇有点分量。为何要给公鸡喂酒呢？原来，这一对年轻人想要度过一个良夜，美美睡到天明，不愿被清早的鸡鸣打扰，于是设法让公鸡喝醉，令其翌日一早无法履行天赋的职责。二人认真的样子令人莞尔。

犬

张大嘴发动进攻的狗

上怀犬马恋，下有骨肉情
——韦应物

❶

❷

狗是中国人最早驯化的六畜（马、牛、羊、鸡、犬、猪）之一，但为什么叫"狗"，又叫"犬"呢？其间的区别非常有意思。

犬，甲骨文字形 ❶，这是一个象形字，栩栩如生的一只狗的模样。甲骨文字形 ❷，身形矫健。甲骨文字形 ，好像张开了嘴巴要发动进攻了。金文字形 ❹，尾巴很长，动势更足。小篆字形 ❺，直接从金文字形而来。楷体字形则完全看不出象形的样子了。

《说文解字》："犬，狗之有悬蹄者也，象形。"这个解释很奇特，什么叫"悬蹄"？顾名思义，"悬蹄"就是悬起来的蹄子。蹄子怎么会悬起来呢？过去有学者认为"悬蹄"就是跑得飞快，蹄子仿佛悬空了似的。这是望文生义，"悬蹄"是不与地面直接接触的小蹄，也就是退化了的残趾。

许慎又引用孔子的话说："视犬之字，如画狗也。"许慎和孔子都认为先有"狗"字，后有"犬"字，"犬"只是"狗"这一类中的一种，即"狗之有悬蹄者"。这其实是错误的，因为甲骨文中只有"犬"字，而无"狗"字，而且恰恰相反，"狗"只是"犬"这一类中的一种。《尔雅·释畜》解释道："未成毫，狗。"尚未生长出

❸ ❹ ❺

长而尖的毫毛的叫"狗",可见"犬"指大狗,"狗"是小狗的称谓,就像"驹"是两岁以下幼马的称谓一样。

周代有"犬人"的官职,负责掌管供祭祀用犬的一切事宜。这也是先有"犬"字后有"狗"字的一个旁证:有"犬人"之职,却没有"狗人"之职。用作祭祀的犬称作"羹献"。所谓"羹献",是指用人吃剩的残羹养狗,养肥后可以献祭于鬼神。

六畜之中,马和犬是最擅长奔跑的,于是古人就造出"犬马"一词。骑马打猎,纵犬追逐野兽,这都是统治者的娱乐方式,因此而有"声色犬马"之称。又引申出"效力"之意,如"效犬马之劳"的成语。同时臣子对国君亦自称"犬马",表示愿意做国君的犬和马。韦应物有诗:"上怀犬马恋,下有骨肉情。""犬马恋"就是形容臣子眷恋国君,犹如犬马眷恋自己的主人一样。刘禹锡给皇帝的上书中有更加形象的表述:"江海远地,孤危小臣。虽雨露之恩,幽遐必被;而犬马之恋,亲近为荣。"

有趣的是,古人生病还都各有不同的婉辞,"犬马"也是其中的一种:天子生病称作"不豫","豫"是快乐,"不豫"就是不快乐;诸侯生病称作"负兹",意思是担负的事情繁多,以致积劳成疾;大夫生病就称作"犬马","大夫言犬马者,代人劳苦,行役远方,故致疾";士生病称作"负薪",采薪并背负柴草乃低贱之事,因此用在统治阶层中地位最低的士身上,《礼记》中规定,国君让士射箭,如果士不具备射箭的技能,就要以生病的名义辞谢,要说:"某有负薪之忧。"

狂

疯狗跑到别处去

我本楚狂人，凤歌笑孔丘

——李白

❶

❷

狂，从字形上来看，毫无疑问跟"犬"有关。许慎等诸多学者都认为这是一个形声字，那么我们来看看"狂"字的各种字形。

狂，甲骨文字形 ❶，右边是一条凶猛地扑上来的狗，左边这个字符像什么呢？许慎说这是"狂"字的声符，表声，固然不错，但是仅仅靠右边的一个"犬"字，怎么能够表示"狂"的含义呢？白川静先生认为这个字符的下部是象征王位的钺头之形，即斧钺头部之形，上部是"之"字的甲骨文字形。三部分加起来表示：出征前，使者将脚放在神圣的钺头上，以获得非同寻常的灵异之力，因此"狂"指从某种灵力那里获得非凡之力。

白川静先生的解释部分正确，但他的解释却没有涉及"犬"字。我认为"狂"这个字应该是一个会意兼形声的字，根据甲骨文字形 ❶，右边是一条凶猛的狗；左边下面是"王"，上面是"止（脚）"，是"往"的本字，会意为狗疯狂地跑到别的地方去。许慎误把这个字形左边的上面当作"之"字，误把下面当作"土"字，《说文解字》："之，出也。"本义是生出，滋长。因此把这个字形的左边部分解释为"草木妄生也，从之在土上"，

草木从土堆上茂密地生长起来。许慎的解释虽然完全错误,但如果按照他的方式思考下去,倒也很有意思:草木滋长蓬生,狗扑上来吠叫。狗如果不发疯,它对着土堆上茂密的草木叫什么?因此这还是一条疯狗。甲骨文字形❷,狗的样子不太像。金文字形❸,同于甲骨文。小篆字形❹,狗移到了左边。楷体字形的右边省写作"王"。

《说文解字》:"狂,狾犬也。""狾"读作"zhì",也是指狗发疯,即狂犬。《汉书·五行志》引《左传》:"宋国人逐狾狗,狾狗入于华臣氏,国人从之。"这是世界上关于狂犬病的首例记载,"狾狗"就是疯狗。由狗发疯引申到人身上,人的精神失常或者疯癫都称"狂"。《诗经·山有扶苏》:"山有扶苏,隰有荷华。不见子都,乃见狂且。""扶苏",小树的名字;"隰"(xí),低湿之地;"子都",著名的美男子。这句诗的意思是:山上有扶苏,低洼地有荷花;没有看见美男子,却看见了一个行动轻狂的人。《诗经·褰裳》中也有这样的名句:"狂童之狂也且。"朱熹说:"狂童犹狂且,狡童也。"这都是引申为人之轻狂顽劣的意思。

孔子曾经说过:"不得中行而与之,必也狂狷乎。狂者进取,狷者有所不为也。""中行"指行为合乎中庸之道的人,中庸是孔子理想的最高境界,但是他却找不到行为合乎中庸之道的人与之交往,只好跟狂者和狷者交往了。"狂者进取",意思是理想高远,进取心强;"狷者有所不为",狷者拘谨无为,引申为孤洁。在孔子看来,狂者和狷者是仅次于中庸之道的人，因此他才愿意和这两类人交往。

李白有诗："我本楚狂人，凤歌笑孔丘。"狂人、狂生、狂士，是中国传统文化塑造的典型人格，当理想得不到实现时，就狂放不羁，蔑视流俗，我行我素；"狂"的本义是狗发疯，完全是贬义，却生发出这样的褒义赞美之辞，真是太有趣了！

杂色的牛

三十维物,尔牲则具 ——《诗经》

"物"这个字,今天主要当作事物、物体讲,但是古时候却完全不一样,而且字义出乎人的意料之外。

物,甲骨文字形❶,这是一个会意兼形声的字,下为牛,上为勿。为什么说是会意字呢?这跟"勿"字密切相关。

勿,甲骨文字形❷,这是一个象形字:右边是农具"耒"的形状,"耒"是翻土工具,上面是曲柄,下面是犁头;左边是翻起来的土块。金文字形❸,更像"耒"翻土的样子。这就是"勿"的本义:用耒翻土。古人种地之前,要先相一相土地的形状和颜色,因此"勿"又引申为颜色。颜色非一而多种多样,因此又引申为杂色。

《说文解字》:"勿,州里所建旗。象其柄,有三游。杂帛,幅半异。所以趣民,故遽。"杂帛指杂色的装饰物;幅半异指半幅为红色,半幅为白色,殷的正色为白色,周的正色为赤色,故为半赤半白之色;趣民是催促百姓。古代旗帜,纯色代表缓,杂色代表急,因此用"勿"这种杂色旗催促百姓赶紧聚集。段玉裁说"州里"应该是"大夫士",按照周礼的规定,大夫士所建的旗帜才是"勿"。这是"勿"的引申义,即杂色旗。

❸

❹

《说文解字》:"物,万物也。牛为大物,天地之数,起于牵牛,故从牛,勿声。"许慎的解释是牵强附会,其实"物"的本义是用"勿"用"牛"会意为杂色牛,当作万物来讲只是它的引申义。《诗经·无羊》:"三十维物,尔牲则具。"《毛传》:"异毛色者三十也。"意思就是用作祭祀牺牲的三十头杂色牛。"物"也可以像"勿"一样引申为杂色旗,《释名》:"杂帛为物,以杂色缀其边为燕尾,将帅所建,象物杂色也。"

物,小篆字形❹,与甲骨文相似。

在现代汉语中,"物色"一词是动词,是访求、挑选的意思,比如物色人才。但是在古汉语中,"物色"却是名词,最早的意思是牲畜皮毛的颜色,还是跟"物"的本义"杂色"相关。"物色"语出《礼记·月令》:"乃命宰祝,循行牺牲,视全具,案刍豢,瞻肥瘠,察物色。"这段话的意思是:农历八月,命令主管祭祀的官员太宰和太祝巡视即将用作祭祀的牲畜,查看一下这些牲畜的躯体是否完整无缺,草食和谷食的家畜是否分门别类,肥瘦是否搭配得当,牲畜的毛色是否符合祭祀的标准。这里的"物"从杂色牛引申为一切杂色的牲畜,又引申为"毛色"。周代有"鸡人"之职,职责是"掌共鸡牲,辨其物",就是掌管作为祭祀品的鸡,辨认查看鸡的毛色。"物"就是"色",因此"物色"一词也从牲畜的毛色渐渐引申出形状、形貌的意思。

据《后汉书·严光传》载,东汉著名的隐士严光,年轻的时候就享有盛名，学问很大，曾经和刘秀一同游学。后来刘秀登基为光武帝，想起了这位老同学，想请他出山做官。不料严光最讨厌的就是做官，他知道光武帝到处打听自己的行踪，于是隐姓埋名。光武帝没办法，只好派画工画出严光的相貌，拿着严光的画像"以物色访之"。这里的"物色"就是指严光的形貌，本来是名词，后来才慢慢演变成动词。

马

大眼睛和鬃毛是最突出的特征

马，怒也，武也 ——许慎

❶

❷

马是四千年前就已经被人类驯养的动物。中国远古时期的人们根据自己的需要和对动物世界的认识程度，选择了六种动物作为驯养对象，称为"六畜"，分别是马、牛、羊、鸡、犬、猪。汉代著名的匈奴悲歌"失我祁连山，使我六畜不蕃息；失我焉支山，使我妇女无颜色"，其中"六畜"即指这六种动物。

马，甲骨文字形 ❶，这是一个象形字，头朝上，背朝右，尾朝下，整个马身侧转向左，非常形象的一匹马。甲骨文字形 ❷，突出马的大眼睛和鬃毛。金文字形 ❸，与甲骨文的形象接近并加以美化，最突显的是马的大眼睛，马颈上的鬃毛也历历可见。小篆字形 ❹，减弱了图画一般的象形成分，与马的真实形象也就差得远了。楷书繁体字形 ❺，紧承小篆而来，下面简化成了四点。简体字则完全看不出马的样子了。

《说文解字》："马，怒也，武也。"古人认为马是土地的精气，秉火气而生，是一种武兽，因此将掌管军事的最高官职定为司马。又按照五行说，火不能生木，胆是木之精气，因此马只有肝而没有胆，火气的马肝是剧毒之物，人食之则亡。汉武帝时期著名的方士、文成

馬 馬 馬
❸ ❹ ❺

将军少翁就是食用马肝过量而死的。

马是早就驯化的动物,古人对马的研究非常之仔细。《周礼》中有"六马"之说:第一,种马,因专供繁殖而最珍贵的马,"玉路驾种马","路"通"辂",帝王所乘之车,用玉作装饰;第二,戎马,驾兵车的马,"戎路驾戎马",帝王在军中所乘之车称"戎路";第三,齐马,"齐"通"斋",取清洁之意,"金路驾齐马",帝王所乘的饰金之车,祭祀所用,故驾洁净的"齐马";第四,道马,"象路驾道马",帝王所乘以象牙作装饰之车,用来宣示道德,驾车的马故称"道马";第五,田马,田猎所驾的马,"田路驾田马","田路"也称"木路",指帝王所乘只涂漆而无其他装饰的车;第六,驽马,顾名思义就是劣马,"驽马给宫中之役",不能为帝王驾车。

古时,相马也是一种专门的学问,比如伯乐就是著名的相马大师。明代徐咸《相马经》中写道:"马旋毛者,善旋五,恶旋十四,所谓毛病,最为害者也。"古人相马,连马的旋毛旋转了几圈都有讲究:旋转五圈的是好马,旋转十四圈的就是劣马,会对主人造成极大的危害。"恶旋十四"即为"毛病"。所谓"毛病",最早的意思是指牲畜的毛色有缺陷。苏轼所著《杂纂二续》一书中列举了六大"怕人知",分别为:"流配人逃走归,买得贼赃物,藏匿奸细人,同居私房畜财物,卖马有毛病,去亲戚家避罪。"由此可见,唐代时"毛病"一词已经使用了,专指马的毛色不好。

"毛病"的含义扩大,从专指马的毛病到泛指人或物的毛病,大约始于宋代。宋人吴涿在《答徐安札书》中写道:"盖文学毛病,如春草渐生,旋划旋有,不厌朋友切磋也。"黄庭坚在《山谷老人刀笔》一书中也有"乃是荆南人毛病"的说法。朱熹和弟子的问答录《朱子语类》中同样有这个词:"有才者又有些毛病,然亦上面人不能驾驭他。"说明宋代时"毛病"一词开始形容人的缺点。

马为六畜之首,当然是因为马的形体最大,古人因此用"马"来指称大的物体。比如"马蜂"就是大蜂,"马船"就是大型官船,"马枣"就是大枣。

现在的各种词典上都把"马路"解释为古代可以供马驰行的大路,并举《左传·昭公二十年》中的一句话作例子:"褚师子申遇公于马路之衢,遂从。"这种解释属于望文生义,并没有理解"马路"之"马"到底是什么意思。原来,此处的"马"就是"大"的意思。明代医学家李时珍在《本草纲目》中说:"凡物大者,多以马名。"民国学者章太炎在《新方言》一书中解释道:"古人于大物辄冠马字。"可见"马"可以作为形容词来使用,意思就是"大"。因此,"马路"即大路,而不是仅供马驰行的路。

(传)《赵孟頫摹韩幹〈相马图〉》(局部)
明清佚名绘,绢本设色,美国大都会艺术博物馆藏

这幅画涉及两位大画家。一位是韩幹,唐代画家,京兆蓝田(今陕西蓝田)人,擅绘人物、鬼神、花竹,尤工画马。他重视写生,以真马为师,遍绘当时名马。另一位是赵孟頫,字子昂,号松雪道人,浙江吴兴(今浙江省湖州市)人,南宋晚期至元代初期画家,开创了元代新画风,被称为"元人冠冕"。

这幅画是明代或清代一位不知名画家所绘,仿赵孟頫摹韩幹《相马图》,一幅画串起了唐至明清的中国画史。

画面上,马夫牵着一匹四蹄被绳子拴住的红鬃马待价而沽。一个相马人低低蹲着身子,手持尺子模样的工具,似在查看马蹄。等待买马的主人一副闲居打扮,倚坐在右边矮榻上,旁有侍女持扇而立。这匹马看起来很驯顺,同时肌肉健硕,似一匹良驹。主人身体前倾,目光凝注,对相马的结果很是关切。

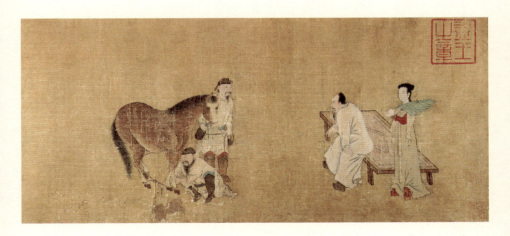

用刀把玉分成两半

挥手自兹去，萧萧班马鸣
——李白

李白名作《送友人》："青山横北郭，白水绕东城。此地一为别，孤蓬万里征。浮云游子意，落日故人情。挥手自兹去，萧萧班马鸣。"

此诗描写为友人送行的场景：送友人送到了城外，只见青翠的山峦横亘在外城的北面，清澈的河水绕着东城潺潺流过。飘浮着的白云表达着游子的心意，缓缓下坠的落日象征着老朋友的友情。此地一别，友人就要像孤独的蓬草一样飘逝到万里之外去了。自此挥手告别，"萧萧班马鸣"。

"班马"是什么马？是"斑马"吗？想弄清楚这个问题，要先来看一看"班"这个字。

班，金文字形❶，这是一个会意字，左右两边是两块玉，中间是一把刀，会意为用刀将玉分为两块。金文字形❷，突出的是两块玉的样子。金文字形❸，一把长柄刀。小篆字形❹，没有任何变化。楷体字形中间刀的形状加以变形，不大能够看得出来了。

《说文解字》："班，分瑞玉。"什么叫"瑞玉"？"瑞，以玉为信也。""瑞玉"就是作为凭证的玉制符信。按照《周礼》中的规定："王执镇圭"，长一尺二寸，"镇"是安定四方之意；"公执桓圭"，"桓"圭长九

班 ❸

寸,桓就是今天说的华表,雕刻在圭上作装饰;"侯执信圭","信"通"身",以人形雕刻在圭上作装饰,长七寸;"伯执躬圭",也是以人形作装饰,长也是七寸;"子执谷璧",谷物养人,故以此作装饰,长五寸;"男执蒲璧","蒲"是蒲草制成的席子,取其"安人"之意,故以蒲草的花纹作装饰,长也是五寸。"班"分的就是这六种瑞玉。

由"班"的本义可以引申为分开、离群,因此"班马"即离群的马。李白这句诗来自《左传·襄公十八年》:"有班马之声,齐师其遁。"杜预注:"夜遁,马不相见,故鸣。班,别也。"北周庾信在《哀江南赋》中说得更加明白:"失群班马,迷轮乱辙。"失群的马叫"班马"。"班马"不是"斑马","斑"的本义是杂色,也指杂色斑点或斑纹,斑马身上有保护色的条纹,故称"斑马"。

瑞玉既被用刀两分,那么前往和返回也是两分,因此"班"又引申为返回,比如班师回朝。瑞玉被分割后要按照一定的次序排列,因此"班"又引申为序列、职位等级,比如按部就班。同时可以作为某种分割后的单元的名称,比如班子、班底、早班、晚班之类,都是由"班"的本义引申而来。

有趣的是"班子"一词,最初是对剧团的称呼,后来民间俗语引申而指妓院,这是因为妓院里纵情声色的热闹景象跟戏班子极为相像。"班"有整齐排列之意,所以以作为妓院的"班子"就指正规的妓院,非正规的妓院则称作"窑子"或"土窑子"。"窑"是烧砖制瓦的所在,因此用来比喻土里土气或者不上台面,"窑子"前还加一个"土"字,可想而知对这种非正规妓院的轻蔑。

鼠

最明显的特征是牙尖利

> 谁谓鼠无牙？何以穿我墉？
> ——《诗经》

❶

鼠是不少人非常厌恶的动物，竟然排在十二生肖之首，对此众说纷纭。一种说法是鼠夜半时分出来活动，夜半象征着天地混沌，鼠咬天开，因此子属鼠。明人李长卿著《松霞馆赘言》持这一观点："然子何以属鼠也？曰：天开于子，不耗则其气不开。鼠，耗虫也。于是夜尚未央，正鼠得令之候，故子属鼠。"

另一种说法是将十二种动物分为阴阳两类，阴阳按照动物脚趾的奇偶数排定。明代学者郎瑛所著《七修类稿》中有"十二生肖"的条目，其中说："如子虽属阳，上四刻乃昨夜之阴，下四刻今日之阳，鼠前足四爪，象阴，后足五爪，象阳故也。"鼠前足四爪，偶数为阴，后足五爪，奇数为阳。子时前半部分是昨夜之阴，后半部分是今日之阳，所以正好用鼠来象征子时。

鼠，甲骨文字形 ❶，这是一个象形字，多么栩栩如生的一只老鼠！下面是鼠腹、鼠爪、鼠尾，上面是鼠嘴和突出的鼠牙。甲骨文字形 ❷，这是一只肥胖的老鼠，鼠牙尖利，看着就令人全身发麻！小篆字形 ❸，将甲骨文的鼠形加以变形，但长长的尾巴还是看得很清楚。

《说文解字》："鼠，穴虫之总名也。"古人对鼠

的印象很不好:"鼠,小虫,性盗窃。""鼠,小兽,善为盗。"《诗经·行露》:"谁谓鼠无牙?何以穿我墉(yōng,墙)?"因此有"鼠窃狗盗"的成语。据《晏子春秋》一书记载:"景公问于晏子曰:'治国何患?'晏子对曰:'患夫社鼠。'公曰:'何谓也?'对曰:'夫社,束木而涂之,鼠因往托焉。熏之则恐烧其木,灌之则恐败其涂。此鼠所以不可得杀者,以社故也。夫国亦有焉,人主左右是也。'"社庙是由一根根涂上泥的木头排列在一起建成的,老鼠栖居于此,人们想把老鼠赶出来,但是用烟火熏怕烧坏了木头,用水灌又怕毁坏了外表的涂泥,社鼠之所以不能被赶尽杀绝,就是因为社庙的缘故。国家也有社鼠,国君左右的小人就是,可见人们对鼠的厌恶。"投鼠忌器"这个成语是最好的描述,想扔东西投老鼠又怕毁坏了老鼠旁边的器具。因此鼠又引申为小人和奸臣,比如鼠辈、鼠目寸光之类词语。

老鼠为什么又叫耗子呢?各种词典都语焉不详,仅仅把这个称谓归结为某地方言。这是一个误解,"耗子"得名的由来其实很清楚。

老鼠跟十二地支配对为子鼠,这是耗子称谓中"子"的来源。"耗"是古代征收钱粮时,官府以损耗为名,在应交的钱粮之外强行摊派的附加部分,即苛捐杂税。据《梁书·张率传》载,南朝文学家张率性情宽厚,有一次派遣家童给家中送去三千石米,到了家一称,竟然少了一多半!张率询问家童为什么少了这么多,家童回答道:"雀鼠耗也。"张率闻言大笑道："壮哉雀鼠！"这些麻雀和老鼠也太厉害了，居然消耗了一千多石米！后来人们就把正税之外附加的钱粮戏称为"雀鼠耗"。"耗子"这个称谓中的"耗"即由此而来。民间出于对苛捐杂税的痛恨，因而把老鼠称作"耗子"，希望它们嘴下留情，不要"耗"得太多，以免"雀鼠耗"全都转嫁到百姓头上。

《豳风七月图》(局部)
(传)南宋马和之绘,纸本墨笔长卷,美国弗利尔美术馆藏

这卷《豳风七月图》传为马和之所绘,但卷中人物采用的是李公麟一派的白描技法,未见马和之擅长的"兰叶描",被断代为13世纪中期到14世纪中期,南宋至元代之间。

此卷根据《诗经·国风·豳风·七月》的诗意而作,共八幅,每段之前配有诗句。《七月》是《诗经·国风》中最长的一首诗,也是中国最早的田园诗,描绘了先民一年四季的农家生活。豳地在今陕西旬邑、彬县一带。

这幅图描绘的诗句是:"穹窒熏鼠,塞向墐户。嗟我妇子,曰为改岁,入此室处。"北窗称"向","墐(jìn)"指用泥涂塞。这几句诗的意思是说:渐渐天寒,时将岁末,农家打扫屋宇,准备过冬。堵塞鼠洞,熏跑老鼠,封好北窗,糊好门缝。画中一家人正忙着补洞熏鼠。建筑、景物细节精湛,老幼人物各自情态也描摹生动。

虎

连虎身上的斑纹都画出来了

> 兵散弓残挫虎威，单枪匹马突重围
> ——汪遵

❶

❷

许慎解释"虎"这个字的字形时说："虎足像人足。"这是因为许慎没有见过甲骨文的缘故。如果见了甲骨文，他就不会这样望文生义了。

虎，甲骨文字形 ❶，这是一个象形字，像一只虎的形状，但笔画比较简单，只有大张的嘴才显出一点儿凶恶的样子。甲骨文字形 ❷，这个字形就非常像虎的样子了，头、爪、尾俱全，甚至连身上的斑纹都画出来了。金文字形 ❸，这只显得很可爱，不像一只凶兽，倒像一只宠物虎了。金文字形 ❹，虎爪异常突出。小篆字形 ❺，不太像虎的形状了，许慎就是根据这个字形对"虎"字加以解释的。楷体字形的下面变形成了"几"，其实应该是"儿"。

《说文解字》："虎，山兽之君。"《玉篇》："恶兽也。"虎乃百兽之王，故有"云从龙，风从虎"之说。有趣的是，汉代时管马桶叫"虎子"，雕刻成老虎的形状。据说飞将军李广射死了一只猛虎，让人用铜制成猛虎状的便器，以示对猛虎的蔑视。据《西京杂记》记载："汉朝以玉为虎子，以为便器，使侍中执之行幸以从。"皇帝的"虎子"是玉制的，由侍中掌管，皇帝走到哪儿

❸　❹　❺

跟到哪儿，内急的时候端过来就用。到了唐代，唐高祖李渊的祖父名叫李虎，为了避讳，把"虎子"改称"马子"。

因为老虎凶猛，先秦时把猛士称作"虎贲"，汉代开始设置有虎贲中郎将的官职，负责保卫皇帝的安全工作。"贲"通"奔"，意思是猛士奋勇向前，就像老虎扑向猛兽一样。又因为老虎是百兽之王，因此引申为凡是能够伤害别物的爬虫类都称"虎"，比如善捕苍蝇的一种蜘蛛称蝇虎，壁虎善捕蝎子，故又称蝎虎。

唐代诗人汪遵有诗："兵散弓残挫虎威，单枪匹马突重围。"俗语也有"冒犯虎威"的说法，"虎威"当然指老虎的威风，后来才用到人身上，比喻英雄气概。不过，鲜为人知的是，"虎威"竟然是老虎身上的一块骨头！

唐代学者段成式在《酉阳杂俎》一书中记载道："虎威如乙字，长一寸，在胁两旁皮内，尾端亦有之。佩之临官佳，无官人所媚嫉。"这块虎骨像一个"乙"字，在腋下至肋骨尽头的虎皮内藏着，尾巴的末端也有，当官的人佩戴着这块骨头，老虎的威风就会附在他身上，没当官的人如果得到这块骨头也佩戴上，大家伙儿就会嫉妒他。清代《儿女英雄传》中的描述更接近白话，意思也因而更清楚："大凡是个虎，胸前便有一块骨头，形如乙字，叫作虎威，佩在身上，专能避一切邪物。"

段成式在《酉阳杂俎》中还有更加邪门的记载，据他说，荆州陟屺寺有位叫那照的僧人，他最擅长的本领是夜间能够根据野兽眼睛发出的光判断这是一头什么野兽。那照说：如果夜间遇到老虎，会看到三只老虎一起向你扑过来，这其实不是三只老虎，仍然是一只，只不过因为距离太近，老虎纵跃所造成的幻觉。此时不要害怕，瞄准中间的那只老虎狠狠刺去，方才能够刺中。老虎被刺死后，那块叫作"虎威"的骨头就潜入了地下，把它挖出来，佩戴在身上，可以避百邪。老虎刚死时，要牢牢记住虎头所枕的位置，等到没有月亮的夜晚去挖掘，挖到二尺左右，可以发现一块像琥珀一样的东西，是老虎的目光掉进地下所形成的，佩戴它也可以把老虎的能量聚集在自己身上，即显示出"虎威"。

这种说法如此神奇，怪不得当官的都千方百计寻找这块骨头，好在官场上树立起自己的"虎威"呢！

逃得很快的狡猾狐狸

掩袖工谗，狐媚偏能惑主
——骆宾王

❶

德国学者汉斯·约尔格·乌特在《论狐狸的传说及其研究》中说："狐狸在身体和智力方面所具有的才能使它成了计谋、狡猾和阴险，甚至是罪恶的化身，但狐狸也不乏一些受到人们积极评价的特点和能力，如富有创造精神、关怀他人和乐于助人、动作迅速和谨慎等，亦即具有所有动物的特征：矛盾性。"这段对狐狸的评价大概是最公允的。不过在我国古代，狐和狸是两种不同的动物，狸是山猫，而狐专指狐狸。

狐，甲骨文字形❶，这是一个会意字，狐狸的头、嘴、背和尾巴栩栩如生，腹部下面是一个"亡"字。有学者认为"亡"是声符，但是"亡"的本义是逃到隐蔽之处藏起来，"狐"因此会意为，狡猾的狐狸逃得很快，别的野兽都捉不到它。这个字形也非常符合狐狸狡猾的特征。甲骨文字形❷，狐狸的样子有些变形。小篆字形❸，变成了一个形声字，从犬瓜声。

《说文解字》："狐，妖兽也，鬼所乘之。"这是将狐狸钉在了妖兽的耻辱柱上了，可有趣的是，许慎又说狐狸"有三德：其色中和，小前丰后，死则丘首"。狐狸的毛色中和，躯体前面小，后面丰大，这两样不知

❷ ❸

道算是什么"德",但是第三样"死则丘首"倒确实可以称得上"德"了。有个成语叫"狐死首丘"就是这个"德"的体现。《礼记·檀弓》:"太公封于营丘,比及五世,皆反葬于周。君子曰:'乐,乐其所自生;礼,不忘其本。古之人有言曰:狐死正丘首。'仁也。"比起老虎、狮子,狐狸虽然是微小的兽类,但对自己藏身的丘窟念念不忘,死的时候,一定要把头朝向丘窟,表示不忘本。后人遂以"狐死首丘"比喻不忘本或对乡土的思念。这不是狐狸的"德"又是什么?

宋代的训诂书《埤雅》称"狐"字和"孤"字还有关系:"狐性疑,疑则不可以合类,故从孤省。"颜师古也说:"狐之为兽,其性多疑,每渡冰河,且听且渡。故言疑者,而称狐疑。"这就是"狐疑"一词的由来。

《山海经》中记载有九尾狐:"又东三百里曰青丘之山……有兽焉,其状如狐而九尾,其音如婴儿,能食人……"古人认为九尾狐是祥瑞的征兆。郭璞说:"太平则出而为瑞也。"汉代画像石中,九尾狐常与蟾蜍、白兔、三足乌一起排列在西王母的座位旁边,以示祥瑞。九尾狐象征着子孙繁衍,这是一种非常古老的文化观念。《白虎通》说:"德至鸟兽,则九尾狐见。九者,子孙繁息也,于尾者,后当盛也。"据《吴越春秋》记载,大禹娶妻,就与九尾狐有关:"禹三十未娶,行到涂山,恐时之暮,失其制度,乃辞云:'吾娶也,必有应矣。'乃有九尾白狐,造于禹。禹曰:'白者吾之服也,其九尾者,王者之证也。涂山之歌曰:绥绥白狐,九尾庞庞。我家嘉夷,来宾为王。成家成室,我造彼昌。天人之际,于兹则行。明矣哉!'禹因娶涂山,谓之女娇。"

以上的狐狸形象非但不可憎,相反还很可爱。不过,从唐代开始出现"狐狸精"的说法。《朝野佥载》:"唐初以来,百姓多事狐神,房中祭祀乞恩,食饮与人同之,事者非一主。当时有谚曰:'无狐魅,不成村。'"骆宾王《代李敬业讨武氏檄》痛骂武则天"掩袖工谗,狐媚偏能惑主",惹得武则天大怒,可见狐狸的形象已经成为妖兽。加上《聊斋志异》等志怪小说的渲染,狐狸精遂成为为祸人间的反面形象了。

《月百姿·狐鸣》（吼嘁）

月冈芳年绘，1886 年

　　月冈芳年（1839—1892），又名一魁斋芳年，晚名大苏芳年。日本江户时代末期著名浮世绘画家，被称为浮世绘最后的画师，以血腥的"无惨绘"著称。《月百姿》系列是一部以月亮为主题的大型锦绘（彩色木版画100幅）合集，取材自日本和中国的逸事、历史和神话，描绘了月亮的千态百姿。该系列优美抒情，乃芳年的晚年代表作。

　　这幅画的标题"吼嘁"是模拟狐狸吼叫的拟声词。画面上是一个身穿僧袍的背影，从左侧扭过头来，赫然露出一张狐脸。它长嘴略微张开，眼睛显出思虑的狡猾神情。天上低低挂着一弯月亮，被照亮的秋草则高高伸向夜空。画面优美中透着诡异。

　　这幅画取材于一个老狐狸的故事。老狐狸的族人接连被一个猎人诱捕，它就变作这个猎人的伯父——一位老僧人，前去劝说猎人停止猎狐。老狐狸给猎人讲了一只来自中国的九尾狐的故事。在日本江户时代，九尾狐玉藻前的故事非常有名。故事打动了猎人的心，猎人决定不再杀狐。当然后面还有些曲折，不过最终老狐狸逃脱了猎人的追捕。

兔

豁唇和长耳清晰可见

——《木兰诗》

雄兔脚扑朔，雌兔眼迷离

在中国古代，排名十二生肖第四位的兔子是一种很神奇的动物，传说月亮中有白兔捣药，因此月亮别称"兔魄"。《木兰诗》中有"雄兔脚扑朔，雌兔眼迷离"的名句，是指雄兔的脚毛蓬松，雌兔的眼睛眯缝着，安静的时候就用这两个特征来区分雌雄；可是"双兔傍地走，安能辨我是雄雌？"，雌雄两兔奔跑起来的时候，哪里还能分辨得清雌雄呢？"扑朔迷离"这个成语即是由此而来。

兔，甲骨文字形 ❶，这是一个象形字，多像一个面朝左的兔子的样子，豁唇，大眼，长耳，尾巴也清晰可见。金文字形 ❷，像一只可爱的宠物兔，突出的是大眼和长耳。年代处于金文和小篆之间的石鼓文字形 ❸，下半部兔子的样子还是很形象，上半部有所变形，看起来似乎是一只竖起来的大耳朵。兔子的耳朵很长，这个字形就像兔子的侧视图。小篆字形 ❹，在石鼓文的基础上再加以变形，以至于连下半部的样子都不大看得出来了。楷体字形右下角的一点代表长不了的兔子尾巴。

《说文解字》："兔，兽名，象踞，后其尾形。"许慎的意思是说"兔"的字形就像一只蹲着的兔子，后面露出了尾巴的形状。古人关于兔子有许许多多稀奇古怪的传说，比如说兔子没有雄性，望着月中的玉兔感而

❸ ❹ ❺

受孕,比如说兔有雌雄,但不需交配,母兔舔了公兔的毫毛就能受孕,从口中吐出小兔……诸如此类,都是文人的臆想,当不得真的。

《礼记·曲礼下》说:"兔曰明视。"兔子很少眨巴眼睛,而且眼睛异常明亮,故称"明视"。至于有人解释说:"兔,吐也。明月之精,视月而生,故曰明视。"则不过仍然是文人的附会而已。孔颖达解释"明视"为:"兔肥则目开而视明也。"兔子养肥了,然后用作祭祀宗庙的牺牲,这种兔子才能称作"明视",取其祥瑞之意,后来才用作兔子的别称。

汉字中凡是含有"兔"字部首的,都和兔子有关系。比如"逸",金文字形❺,这是一个会意字,右边是一只兔子,左边上为"彳","彳"(chì)是路口和行走之意,下为"止","止"是脚,会意为兔子很懂得欺诈,善于逃跑。我们看老鹰抓兔子的情形就能更加清楚地理解"逸"这个字。老鹰从空中俯冲下来,兔子左躲右闪,折返跑,转弯跑,种种伎俩都是为了摆脱老鹰的利爪,因此许慎形容兔子为"谩訑善逃"。"谩訑"(màn yí)就是狡黠、欺诈的意思。

再比如"冤"字,下面是一只兔子,上面是覆盖之形,也有人说是房屋之形,也有人说是把兔子驱赶到林子外面再用猎具罩住。总而言之,这只兔子的命运可谓悲惨,被覆盖住或者罩住后,"益屈折也",因此"冤"就会意为屈、枉曲的意思。告状的人有"冤"无处诉,恰似兔子左右奔突不得其门而出或入,实在是太形象了!

长脊的猛兽

有足谓之虫，无足谓之豸 ——《尔雅》

❶

"豸（zhì）"这个字今天已经很少使用，最多也就是出现在书面语中，比如骂人为"虫豸"，虫、豸并举，属于禽兽类詈词。据《汉书·五行志》载："虫豸之类谓之孽，孽则牙孽矣。""孽（niè）"指妖孽、灾害，"牙孽"也写作"孽牙"，指祸端、灾祸的苗头。这是"虫豸"用作骂人话之始。《三国志·吴书·薛综传》载"日南郡男女裸体，不以为羞，由此言之，可谓虫豸，有靦面目耳"，"靦（miǎn）"是羞惭之貌。这是将人比作"虫豸"。那么，虫和豸有什么区别呢？

豸，甲骨文字形 ❶，很明显可以看出，这是一个大口、利齿、长尾的野兽之形，中间的两撇表示兽足。金文中用"豸"作偏旁者比比皆是，比如字形 ❷，张大的口中添加了一枚利齿，头的后部又添加了一只圆耳，下面的尾巴之形更是栩栩如生。小篆字形 ❸，从象形转为笔画化。

《说文解字》："豸，兽长脊，行豸豸然，欲有所司杀形。"许慎的意思是说："豸"是一种长脊的兽，行动时会突然伸直脊背，就像窥伺到猎物而准备捕杀一样。因此这一类长脊兽都从豸，比如猫（貓）、豹、豺、貂、狸（貍）等。

❷　　　　　　❸

不过，古代中国第一部辞书《尔雅》在《释虫》篇中的定义却不同："有足谓之虫，无足谓之豸。"段玉裁解释说："凡无足之虫体多长，如蛇、蚓之类，正长脊义之引申也。"明代字书《正字通》引魏校曰："豸，恶兽也，像高前广后，长尾张喙，贪而好杀也。"徐灏也质疑道："据字形，豸有足而虫无足，与《尔雅》正相反。豸自是猛兽。"

综上所述，"豸"本为长脊猛兽，但《尔雅》的释义影响深远，后人遂将错就错，用"豸"来指称蛇、蚯蚓一类无足之虫，也才能够与蜈蚣等有足之"虫"并举而组成"虫豸"一词。

有趣的是，"豸"并不仅仅指恶兽，还是一种能够辨别是非曲直的神兽的名称。《说文解字》在为"廌"字释义时引述《神异经》的记载："《神异经》曰：'东北荒中有兽，见人斗则触不直，闻人论则咋不正，名曰獬豸。'"

"獬豸"也写作"獬廌"，见人争斗则用角去抵触理屈的一方，听人争论则用嘴去咬错误的一方。汉人因此制獬豸冠，又称"法冠"，执法者佩戴，冠上饰有獬豸之角。《后汉书·舆服志》在"法冠"条中写道："执法者服之……或谓之獬豸冠。獬豸神羊，能别曲直，楚王尝获之，故以为冠。"其实这不过是远古时期的神判方式而已，借助传达神明旨意的神兽，来判决人力所不能及的疑案。

不过，传说中的獬豸为独角兽，但"豸"的字形却并非独角之形，因此，也有学者认为这是许慎把无角的"豸"和有角的"廌"二字弄混了的缘故。

尘

鹿群奔跑时扬起的尘土

> 人厌尘嚣欲学仙，上天官府更纷然
> ——陆游

❶

尘，西周末年的籀文字形❶，这是一个非常美丽的会意字：中间是三只鹿头代表的鹿群，上面那只鹿头的两旁是两个"土"字，会意为鹿群奔跑时扬起的尘土。小篆字形❷，三只完整的鹿的样子更形象，"土"变成了一个，嵌在下面两只鹿的中间。楷书繁体字形❸，"鹿"和"土"都简化为一个。简化后的简体字变成了一个新的会意字：小土为尘。

《说文解字》："尘，鹿行扬土也。"那么多动物，为什么偏偏要用鹿来会意呢？因为除了古人最早驯化的六畜（马、牛、羊、鸡、狗、猪）之外，鹿是当时非常常见的野生动物，因此鹿皮才会成为常用的酬宾礼物。伍子胥劝谏吴王，吴王非但不听，还将伍子胥赐死，伍子胥死前预言道："臣今见麋鹿游姑苏之台也。"可见麋鹿之多。古人还有"鹿走而无顾，六马不能望其尘"的记载，也可见鹿群奔跑之速。

世间的纷纷扰扰称作"尘嚣"，陆游有诗："人厌尘嚣欲学仙，上天官府更纷然。"还有一个"甚嚣尘上"的成语，今天的意思是对某人某事议论纷纷，用作贬义，比喻错误的言论十分嚣张。但这个成语最早却没有丝毫

的贬义,而是客观场景的再现:喧哗纷乱得很厉害,而且尘土也飞扬起来了。此语出自《左传·成公十六年》记载的晋楚两国在公元前575年著名的"鄢陵之战"。

这天一大早,楚军大兵压境,楚共王带着晋国的叛臣伯州犁登上巢车(用来瞭望敌军的战车)观察晋军的动向。楚共王问:"他们驾着战车来回奔跑,这是在干什么呀?"伯州犁回答道:"这是在召集军吏。"楚共王边伸长脖子瞭望边说:"他们都聚集到中军了!"伯州犁回答道:"他们在合谋。"楚共王又说:"搭起帐幕了!"伯州犁回答道:"这是他们在向晋国的先君占卜吉凶。"楚共王又说:"撤去帐幕了!"伯州犁回答道:"快要发布军令了。"楚共王又说:"甚嚣,且尘上矣!"(一片喧嚣,连尘土都飞扬起来了!)伯州犁回答道:"这是正准备把井填上,把灶铲平,然后要列阵了。"楚共王说:"都乘上了战车,左右两边的人又都拿着武器下车了!"伯州犁回答道:"这是去听誓师令。"楚共王问:"要开战了吗?"伯州犁回答道:"还不知道。"楚共王又说:"哎呀奇怪!他们又都乘上了战车,左右两边的人又都下来了!"伯州犁回答道:"这是战前的祈祷。"

另外一方,晋厉公也在楚国旧臣苗贲皇的陪伴下,登高台观察楚军的阵势。苗贲皇熟悉楚军内情,向晋厉公建议中军是楚军的精锐部队,晋军应该先以精锐部队分击楚军的左右军,得手后,再合军集中攻击楚军中军。

晋厉公采纳了苗贲皇的建议，改变了原有阵形，楚共王看到的晋军乘上战车又下来就是晋军在改变阵形，可是伯州犁并没有判断出晋军的意图，结果双方一交战，楚军大败，楚共王的眼睛都被射中了。当天夜里，楚军"宵遁"，连夜退兵了，"鄢陵之战"以晋军大获全胜而告终，"甚嚣尘上"这个成语就此流传了下来，不过早已失去了原意。

犹

祭祀所用的犬

> 心犹豫而狐疑兮，欲自适而不可
>
> ——屈原

❶

❷

犹、豫连用，是人们常用的词，形容一个人迟疑不决的样子。人们常常把这个词挂在嘴上，却不知道何以用"犹豫"一词表示迟疑不决，为什么把这两个字组合在一起。

其实，"犹"和"豫"分别是两种动物。先说犹，甲骨文字形 ❶，左民安先生认为这是一个会意兼形声的字，右边是一条狗，左边是一尊酒器，因此"犹"的本义是犬守器。但许慎却认为这是一个形声字，左边的酒器"酋"表声。最有趣的说法是：右边的狗在偷喝左边酒器里的酒，喝醉后表现出动作迟缓的样子。不过我认为这是一个会意字，左边的酒器代表祭祀，右边的狗代表牺牲之犬，会意为用作祭祀的犬。

犹，金文字形 ❷，右边还是狗，左下还是酒坛，上面的"八"字形表示酒喝时酒糟下沉后溢出的水形，也就是"酋"字。小篆字形 ❸，狗移到了左边，变成了一个地道的形声字。楷书繁体字形 ❹。简化后的字体用"尤"代替"酋"作声符。

《说文解字》："犹，玃属，从犬酋声。一曰陇西谓犬子为犹。"玃（jué）是一种大猴子，因此"犹"

就是猴类，又叫犹猢。郦道元在《水经注》中详细地描写了这种动物的性状："山多犹猢，似猴而短足，好游岩树，一腾百丈，或三百丈，顺往倒返，乘空若飞。"还有人说犹猢长得像麂子，还有人说"犹"就是长达五尺的大狗。

给《史记》作索隐的司马贞引用崔浩的话解释"犹"："卬鼻，长尾，性多疑。"高鼻子，长尾巴，性情多疑，一旦发现有风吹草动，立马爬到树上观察敌情，如果没有发现什么动静，又从树上溜下来，四处张望，突然又开始生疑，又爬回树上观察……如此这般不停地折腾自己，因此有"犹疑"一词。

至于许慎所谓"陇西谓犬子为犹"，犬子即狗崽子，倒是很符合作为祭品的犬。

再说豫。"豫"是一个形声字，从象予声。《说文解字》："豫，象之大者。贾侍中说：不害于物。"豫是一种古象，河南省简称"豫"，这是因为远古时期黄河流域森林茂盛，盛产古象，因而称为"豫州"。不过古象跟今天的大象不太一样，这种象身躯庞大，动作不灵巧，遇事总是摇摇晃晃，拿不定主意。《道德经》说它"豫兮，若冬涉川"，豫这种古象行动就像在冬天涉过河流一样，可见有多么小心翼翼，有多么犹疑不决。

因为"豫"这种古象是"象之大者"，即体形最大的象，因此"豫"可以引申为大的意思，古人说"市不豫价"，就是说不把价格哄抬起来以欺骗顾客。许慎引用贾侍中的话说,"豫"这种古象"不害于物",即对别的东西没什么伤害,因此"豫"又引申为宽大舒缓的意义,宽大舒缓一定很舒服,因此远引申为"娱乐"之"娱"的通假字。

"犹"动作灵巧,"豫"却动作笨拙,但两种动物的共同点都是多疑,拿不定主意,所以人们就把这两种动物组合在一起,用来形容迟疑不决的样子。屈原在《离骚》中就是这样使用的:"心犹豫而狐疑兮,欲自适而不可。"犹豫和狐疑连用,都是表达迟疑不决的意思。不过,清代学者黄生有不同的看法,他认为"犹豫"是双声字,即声母相同,以声取义,本无定字,因此也可以写成"犹与""由与""尤与""犹夷"等。从语言学上来说,黄生的看法很有道理,但是未免大煞风景,把"犹"和"豫"当成两种犹疑不决的动物该有多么好玩啊!

疑

牵着牛去参加祭礼的祭司迷路了

> 壶浆远见候，疑我与时乖。
> ——陶潜

❶

❷

我一直以为"怀疑"这么抽象、这么看不到摸不着的人类心理活动，最初造字的时候不可能清晰地表述出来，可是没想到甲骨文里就已经有了"疑"字，古人的造字智慧令人叹为观止。

疑，甲骨文字形❶，这是一个会意字，一个右手持杖的人张开胳膊站着，张大嘴向右边观望，发傻的样子憨态可掬。甲骨文字形❷，右边添加了表示半个十字路口的"彳"，这个人显然在十字路口处迷路了。

疑，金文字形❸，左边添加了一个牛头，非常令人费解。有人认为这是一个声符。还有人解读为用牛头来暗示这人是一个牧童，牧童迷路了。我倒觉得古人的思维没有浪漫到这个程度。最初造字的古人之所以选择持杖、持牛头的这个人来会意，那么这个人一定是一位重要人物，因为只有重要人物的迷路才足以造成相当严重的后果，从而使人印象至深。我认为这个人是一位负责祭祀事宜的官员或者酋宿，持杖表示他地位较高，持牛头表示他要牵着用作牺牲的牛去参加祭祀的仪式，这样一个人迷路了，参加仪式的众人肯定都非常着急，于是就把这种真实的情景植入造字的思维中去了。

❸

疑，金文字形❹，牛头上方再次出现了所持的杖的形象，这人一定心烦意乱之极。小篆字形❺，变形严重，右上角的牛头变形为"子"，从而使许慎等人误会为"从子"，徐锴甚至解释为"幼子多惑"，实在跟甲骨文和金文字形相差甚远。楷体字形右上角的"子"再次严重变形，持杖、持牛头的样子完全看不出来了。

《说文解字》："疑，惑也。"陶渊明诗"壶浆远见候，疑我与时乖"，大老远送来茶水和好酒，原来是怀疑陶渊明与时乖违。许慎没有见过甲骨文和金文，因此只好用同义字"惑"来解释，却不知道"疑"的造字本义是在十字路口迷路后的疑惑之态。湖南有座山叫"九疑山"（也写作"九嶷山"），九条溪谷都高度相似以至于分不出来，就跟这位分不清到底是哪个十字路口的人一样，故称"九疑"。

颜师古说"狐"这种动物："狐之为兽，其性多疑，每渡冰河，且听且渡。故言疑者，而称狐疑。"因此而有"狐疑"一词。

相传上古时期，天子身边有四位辅佐的大臣，称作"四辅"或者"四邻"。据《尚书大传》记载："古者天子必有四邻：前曰疑，后曰丞，左曰辅，右曰弼。天子有问无以对，责之疑；有志而不志，责之丞；可正而不正，责之辅；可扬而不扬，责之弼。""疑"的职责是为天子答疑；"丞"的职责是"志"，记录；"辅"的职责是"正"，纠正；"弼"的职责是"扬"，称扬。合并而称，则为疑丞、辅弼。

《陶渊明诗意图册》第十二帧
清代石涛绘·纸本设色·北京故宫博物院藏

　　石涛（1642—约1718），俗姓朱，明宗室靖江王朱赞仪十世孙，谱名若极，广西桂林人。明亡后为僧，法名原济，字石涛，号清湘老人、苦瓜和尚等。工诗文，擅山水、兰竹、花草及人物。与清初画坛朱耷、髡残、弘仁合称"清四僧"。

　　《陶渊明诗意图册》全册共十二开，每开右图左诗，右为石涛依陶渊明诗意成画，左为清代诗人、书法家王文治依石涛和陶渊明诗画题诗。这幅选取的是第十二开之右图，画的是陶诗《饮酒·其九》："清晨闻叩门，倒裳往自开。问子为谁欤，田父有好怀。"石涛笔墨清新，满纸苍润。葱郁林木间一所小小茅屋，陶渊明与田父在屋前揖让问候。"壶浆远见候，疑我与时乖。褴缕茅檐下，未足为高栖。一世皆尚同，愿君汩其泥。"田父是一片好意，直率表达纯朴的疑惑与关切，所以陶渊明"深感父老言"，但心志已决，"且共欢此饮，吾驾不可回"。

052

凤

❶　　❷　　❸

骄傲、美丽又能兴风的神鸟

> 凤兮凤兮归故乡，遨游四海求其凰
> ——司马相如

　　司马相如挑逗卓文君的琴曲名为《凤求凰》，其中有"凤兮凤兮归故乡，遨游四海求其凰"的名句。今人都统称凤凰，但是在古代，"凤"和"凰"是有区别的，雄的叫凤，雌的称凰，所以司马相如自称"凤"，而求其"凰"卓文君。"凰"又和"皇"通假，《尚书》中有"凤皇来仪"之句，《诗经》中也有"凤皇于飞""凤皇鸣矣，于彼高冈"之句。

　　古人把麟、凤、龟、龙称作天地间的四灵，凤则为百鸟之长，《大戴礼记·易本命》："有羽之虫三百六十，而凤皇为之长；有毛之虫三百六十，而麒麟为之长；有甲之虫三百六十，而神龟为之长；有鳞之虫三百六十，而蛟龙为之长。"

　　凤，甲骨文字形❶，这是一个象形字，像头上有丛毛的一只鸟儿，而且是多么骄傲又美丽的一只鸟儿啊！甲骨文字形❷和❸，第一个字形的右边和第二个字形的右上角，学者们都说是用来表声的"凡"，那么这就是一个象形兼形声的字。小篆字形❹，"凡"移到了上面，"鸟"部移到下面，真的变成了上声下形的形声字了。楷书繁体字形❺，"凡"移到整个字形的外面。简体字完全看不出鸟儿的样子了。

❹　　　　　❺　　　　　❻　　　　　❼

《说文解字》引用更古老的说法，详细解释了"凤"的形象："凤，神鸟也。天老曰：'凤之象也，鸿前麟后，蛇颈鱼尾，鹳颡（sǎng，额头）鸳思，龙文虎背，燕颔鸡喙，五色备举。出于东方君子之国，翱翔四海之外，过昆仑，饮砥柱，濯羽弱水，暮宿风穴。见则天下大安宁。"许慎引用的"天老"是黄帝的大臣。《山海经》中也有类似的记载："丹穴之山……有鸟焉，其状如鸡，五采而文，名曰凤凰，首文曰德，翼文曰义，背文曰礼，膺文曰仁，腹文曰信。是鸟也，饮食自然，自歌自舞，见则天下安宁。"这是说凤凰身上有德、义、礼、仁、信的纹饰，显然在凤凰身上寄予了非常美好的理想。

有趣的是，"凤"还是"风"的古字。风，小篆字形❻，楷书繁体字形❼。叶玉森先生认为凤凰的长尾巴奋翼一飞，则风就呈现了出来。白川静先生则认为，其繁体字"風"里面之所以有个"虫"字，是指包括龙在内的爬虫类，"神灵变形为龙，兴风起飚"，因此从"凤"字中取来表声的"凡"，加上"虫"，造出"風"字。由此他更进一步认为，"'风'之本义并非基于空气的拂动，而是由呈现为神鸟之姿或神龙之姿的灵兽体现出来。古时，风被认为是鸟形神，即风神"。

《列仙传》中记载了一段美好的传说，详细说明了什么叫"凤凰来仪"。"箫史者，秦穆公时人也。善吹箫，能致孔雀白鹤于庭。穆公有女，字弄玉，好之，公遂以女妻焉。日教弄玉作凤鸣，居数年，吹似凤声，凤凰来止其屋。公为作凤台，夫妇止其上，不下数年。一旦，皆随凤凰飞去。"

《乘凤而飞的女子》(鳳凰に乗って空を飛ぶ女)
铃木春信绘，1765年

　　这是一幅"春信式"绘历。江户时期的日本使用太阴历，月份区分为大月和小月，每年大小月的排列组合都不同，记载大小月份变化的年历成为日常生活必需品。明和二年（1765），江户的俳谐诗人之间开始流行交换一种精致的图画日历（木刻"绘历"），铃木春信适逢其会，领导了大幅彩色木版"绘历"的创制，从此"锦绘"开始大行其道。这幅绘历将标记月份的假名巧妙隐藏在画中人物衣服的花纹里，是"春信式"绘历的一贯做法。

　　同时，这又是一幅"见立绘"。"见立"是江户时期浮世绘画家广泛采用的一种构图方式，参照或戏拟前人画意或图式来进行新的创作。铃木春信是"见立绘"的代表绘师。这幅画描绘的是春秋时期秦穆公之女弄玉和夫君箫史乘凤仙去的故事。一位游女扮作弄玉，正在乘凤飞升。弄玉善吹笙，女子手中持笙，回头下望，似乎对人间尚有恋恋不舍之意。

鸟

爪子抓地、翅膀闪闪发光的鸟儿

> 日中星鸟,以殷仲春
> ——《尚书》

"鸟"这个字最能反映古人最初造字时的象形思维,甲骨文字形 ❶,一只头和尖嘴朝下、爪子紧紧抓着地的鸟的形象栩栩如生。甲骨文字形 ❷,这只鸟站立了起来,有着长长的尾巴。金文字形 ❸,这只站着的鸟更漂亮了,不光头上添加了鸟羽,翅膀和尾巴上的羽毛还闪闪发光。这是甲骨文和金文中最美丽的一只鸟儿。小篆字形 ❹,虽较为规范化,但仍然能够看出鸟的样子。楷书繁体字形 ❺,紧承小篆字形而来。简体字下面的四个点变成了一横,鸟儿的样子完全看不出来了。

《说文解字》:"鸟,长尾禽总名也。象形。"许慎又解说"隹"(zhuī)为"鸟之短尾总名也",这是强为分别,因为短尾鸟也有从"鸟"的,比如"鹤";长尾鸟也有从"隹"的,比如"雉"。

古人对鸟的分类很详细,甚至详细到了琐碎、附会的程度。《尔雅》专辟《释鸟》一章,其中对鸟的雌雄有在今天看来非常别致的见解,只是不知实情到底如何。"鸟之雌雄不可别者,以翼,右掩左雄,左掩右雌。"右边的翅膀掩着左边的翅膀,这是雄鸟;左边的翅膀掩着右边的翅膀,这是雌鸟。

❸

❹

❺

　　根据上古传说，少皞氏即位时，刚好飞来一只凤鸟，为了纪念这一灵异事件，少皞氏于是以鸟为官名，称作"鸟师"，其实属于对鸟的图腾崇拜。

　　白川静先生认为甲骨文和金文中的"鸟"字特指神圣之鸟，在重要的场合用来祭祀。他尤其举出"鸟星"这一概念。"鸟星"出自《尚书·尧典》："日中星鸟，以殷仲春。"孔颖达解释道："鸟，南方朱鸟七宿。殷，正也。春分之昏，鸟星毕见，以正仲春之气节。""朱鸟"是二十八星宿中南方七宿（井、鬼、柳、星、张、翼、轸）的总称，七宿相连呈鸟形，朱色象火，南方属火，故称"朱鸟"。春分时节（又称"日中"），阳光直射赤道，昼夜平均，过了春分，就进入了明媚的春天。春分这一天的晚上，朱鸟七宿刚好处于南天，所以要祭祀"鸟星"，祈盼第二天是一个风和日丽的好天气，适宜农作。出土的殷商甲骨文中有"卯鸟星"的文字，应该就是这样的祭祀。

　　至于"鸟"字的另外一种读音"diǎo"，意指人或动物的雄性生殖器，则是明清之际市民阶层兴起后文化粗俗化的产物，大约属于一种民间禁忌，避讳直呼男性生殖器的"屌"字，因此用"鸟"来作通假字。明人冯梦龙所著《古今谭概》中有"洗鸟"一则趣谈："大学士万安老而阴痿，徽人倪进贤以药剂汤洗之，得为庶吉士，授御史，时人目为洗鸟御史。"那么至迟到了明代，"鸟"已经当作骂人的粗话来使用了，跟"鸟"美丽的原始字形完全没有关系。

龟

背着漂亮甲壳的六爪龟

> 金龟换酒处，却忆泪沾巾
> ——李白

 ❶  ❷ ❸ ❹

贺知章死后，李白在《对酒忆贺监二首》（其一）一诗中写道："四明有狂客，风流贺季真。长安一相见，呼我谪仙人。昔好杯中物，翻为松下尘。金龟换酒处，却忆泪沾巾。"并在诗前的小序中回忆道："太子宾客贺公于长安紫极宫一见余，呼余为谪仙人，因解金龟换酒为乐，殁后对酒怅然有怀，而作是诗。"金龟是贺知章佩戴的龟状饰物，以金制成，可见贵重。

龟，甲骨文字形❶，这是一个象形字，多像一个侧面朝左的乌龟啊！甲骨文字形❷，是一个龟甲朝上的乌龟，但是龟爪很夸张，居然有六条之多！估计是造字的古人一时心血来潮，跟后人开个玩笑。金文字形❸，简单又正常的一只龟。金文字形❹，栩栩如生，非常漂亮的一只龟。小篆字形❺，跟甲骨文字形❶非常相像。楷书繁体字形❻，从小篆演变而来。简化后的简体字一点儿都看不出龟的样子了。

《说文解字》："龟，旧也，外骨内肉者也。""旧"是长久的意思。龟因其长寿，所以被古人视作祥瑞的动物，跟龙、麟、凤合称四灵。尤其是白龟，更是瑞物。庄子曾经讲过一个故事：宋元君半夜梦

❹ ❺ ❻

见有人披着头发在侧门窥视，说："我到河伯那里去，打鱼人余且捕获了我。"宋元君醒后让人占卜，被告知这是一只神龟。宋元君问有没有叫余且的打鱼人，还真有，第二天余且来朝见，宋元君问："你捕获了什么？"余且回答说："我捕获了一只白龟，周长五尺。"白龟献了上来，宋元君又想杀掉，又想放生，心中疑虑，占卜，答案是："杀掉白龟来占卜，大吉。"于是剖龟，用它来占卜七十二次，无不灵验。

《尔雅》将龟分为十类：一，神龟，在水曰神龟，最为神明；二，灵龟，一种据说会鸣叫的海龟；三，摄龟，一种喜欢吃蛇的小龟；四，宝龟，用以占卜吉凶；五，文龟，龟甲布满文彩；六，筮龟，潜伏在用以占卜的蓍（shi）草丛下的龟；七，山龟，生于山中的大龟；八，泽龟，生活在大泽中的龟；九，水龟；十，火龟，据说可以吸热的一种龟。

《杂阿含经》中记载有一个有趣的故事："过去时世，有河中草，有龟于中住止。时有野干饥行觅食，遥见龟虫，疾来捉取，龟虫见来，即便藏六。野干守伺，冀出头足，欲取食之。久守，龟虫永不出头，亦不出足。野干饥乏，瞋恚而去。诸比丘，汝等今日，亦复如是。""野干"是一种像狐狸的野兽，想捉龟来吃，没想到龟缩起四爪和头、尾。四爪和头、尾为六，故称"藏六"，"龟藏六"因此用来比喻人的才智不外露或深居简出，以免招嫉惹祸，也可以省略作"龟藏"，常见于古诗文中。

龟虽是瑞物，但民间却有许多与龟有关的骂人话，比如龟奴、龟儿子。这种称谓起源极早，春秋时期，因饥饿而出卖妻女者，必须用绿巾裹头，以标明低贱的身份。据唐人封演的《封氏闻见记》载："李封为延陵令，吏人有罪，不加杖罚，但令裹碧头巾以辱之，随所犯轻重以日数为等级，日满乃释。吴人著此服出入州乡，以为大耻。""绿帽子"的俗语即由此而来。而龟头亦为暗绿色，因此称戴绿头巾者为龟，这就是为什么俗称开妓院及纵妻行淫者为龟的原因。

《古贤诗意图》卷之"饮中八仙"
明代杜堇绘,纸本墨笔,北京故宫博物院藏

杜堇,明代画家,原姓陆,字惧男,号柽居、古狂、青霞亭长等,丹徒(今江苏镇江)人。工诗文,善绘事,以人物画著称,精白描法。《古贤诗意图》卷由明代金琮书唐宋名诗,杜堇按诗意绘画。全卷包含诗十二首,图九幅。图中人物皆白描,笔法细劲透逸,形象生动有神。树石、藤草、桌椅、车、马、小舟等点景穿插有致。墨色淡雅,构图简洁,意境清幽。

"饮中八仙"一幅依据杜甫诗《饮中八仙歌》而绘。八位酒仙同框,画面紧凑有致,或举杯,或腆肚,或仰,或伏,或回头,或昂首,各具情态。"知章骑马似乘船,眼花落井水底眠。""李白一斗诗百篇,长安市上酒家眠。天子呼来不上船,自称臣是酒中仙。"此时众人皆健在,诗酒风流,招摇过市,尚是盛世光景。

角

一只能看见内部纹路的牛角

总角之宴，言笑晏晏
——《诗经》

❶

❷

"角"是一个不折不扣的象形字，甲骨文字形❶，清清楚楚一只兽角的样子。甲骨文字形❷，金文字形❸，也都是一只兽角的样子，只不过金文字形将兽角放倒，同时也变得更美观了。小篆字形❹，直接从甲骨文和金文延续而来。楷体字形同于小篆。

《说文解字》："角，兽角也，象形。"其实从甲骨文和金文的字形来看，最初的"角"更像牛角和羊角，后来扩大到鹿角和犀角，再后来才泛指一切动物的角，并进一步引申为一切角状的东西也称"角"。其中鹿角和犀角有许多有趣的说法。据《礼记·月令》记载，古人分类很细，麋鹿虽然是一种，但古人认为鹿是属阳的兽，夏至日阳气至极，而阴气开始萌生，故此鹿角感阴气而退落，这叫"鹿角解"；而麋是属阴的兽，冬至日虽然阴气盛极，但阳气萌动，麋感受到阳气而角退落，这叫"麋角解"。至于犀角，郭璞称犀牛形似水牛，有三只角，一只在顶上，一只在额上，一只在鼻子上，鼻子上的角叫作"食角"，因为离嘴最近的缘故。

兽角至为坚硬，古人因此用来制作弓，"皮、毛、筋、角，入于玉府"，筋和角都用来制作弓，因此坚硬的弓

❸ ❹

又称"角弓"。《诗经》中有一首诗，即名为《角弓》，前两句是："骍骍角弓，翩其反矣。""骍骍"（xīng）是指调和弓弦的样子，"翩其反矣"是指弓张开的时候向内弯曲，松弛的时候向外弯曲。用角弓的这种状态来比喻兄弟和亲戚之间不要互相疏远。

《诗经》中还有一首著名的诗《氓》，其中吟咏道："总角之宴，言笑晏晏。"什么叫"总角"？我们知道古人用"总角之交"来比喻儿童时期的玩伴，儿童把垂下来的头发分成两半，各自在头顶上扎成一个结，形状就像羊角，故称"总角"，"总"是一总聚拢的意思。所谓"男角女羁"，"角"就是指男孩儿的"总角"；女孩儿则叫"羁"，一纵一横，剪成十字形，就像纵横交错的马络头一样，故称"羁"，"羁"就是马笼头或马络头。

"角"还有一个读音"jué"，这个读音的"角"是古代一种盛酒的酒器，用青铜制成，形状像爵但是没有爵上面的小柱和倾注酒的"流"，两尾对称叫"翼"，有盖，用以温酒和盛酒。古人饮酒，对于酒器有着严格的等级区分，哪一个等级使用什么样的酒器，那是一点儿都错不得的。比如《礼记·礼器》中规定："宗庙之祭，贵者献以爵，贱者献以散，尊者举觯，卑者举角。"爵、散、觯（zhì）、角都是酒器，贵、贱、尊、卑，这就是等级。而"色"这个字，本义是脸色，饮酒的时候，不仅要按照等级使用不同的酒器，而且贱者、卑者还要仰承贵者、尊者的脸色，"角色"一词即由此而来，所谓"卑者举角"，因此以"角"来和"色"组合，后来才引申为角色、人物，以至于行当之称，比如戏曲中的丑角、旦角等。

集

张开翅膀的鸟儿落在树上

黄鸟于飞，集于灌木 ——《诗经》

❶ ❷ ❸

集，甲骨文字形❶，一只鸟儿栖止在树木上，张开的翅膀还没有来得及收拢。金文字形❷，鸟儿全身漆黑，羽毛没有画出来。金文字形❸，树木上的鸟儿有些变形，不过更接近定型后"集"字上部的"隹"的形状。金文字形❹，这是"集"字所有字形中最美丽的一个，树木上栖止着三只鸟儿！而且鸟喙栩栩如生，羽毛似乎闪闪发光。三国时期《三体石经》上也刻有一个"集"字❺，鸟儿比树木的形体还大，鸟喙、眼睛非常形象，翅膀收拢，覆盖在"木"上。小篆字形❻，上部定型为"隹"。小篆字形❼，直接从金文字形❹演变而来，上部三个"隹"字。

《说文解字》："集，群鸟在木上也。"许慎的释义是根据小篆字形❼而来，三只鸟儿代表群鸟，因此"集"是一个会意字。《诗经》中有"黄鸟于飞，集于灌木"的诗句，跟"集"字的字形是多么相像！群鸟聚集在树上歇息，旅途暂时完成，因此"集"引申出成就、成功的意思，西周晚期青铜器毛公鼎上有"唯天将集厥命"的铭文，意思是上天将成就他的使命。从群鸟集于树上又可以引申出停留、聚集、安定的意思，还可以引申而用作名词，比如把诗文汇在一起称作诗集、文集，人群

❹ ❺ ❻ ❼

聚集的地方称作集市。

苏轼在《答丁连州朝奉启》中说:"固无心于集菀,而有力于嘘枯。"不知道"集菀"和"嘘枯"这两个典故的读者,也就不懂得这两句话的意思。这两个典故出自《国语·晋语》。晋献公宠幸骊姬,骊姬想把自己的儿子奚齐立为太子,就向晋献公进太子申生的谗言,想杀害太子申生,但是大夫里克却偏向太子申生,于是派遣优施去游说里克。优施作歌,其中有这样两句:"人皆集于苑,己独集于枯。""宛"通"菀",草木茂盛的样子。这两句话是讽喻里克,说别人都往草木茂盛的地方去了,唯独您还停留在枯枝上。里克问何为"宛"何为"枯",优施回答道:"其母为夫人,其子为君,可不谓苑乎?其母既死,其子又有谤,可不谓枯乎?枯且有伤。""宛"意指受宠的奚齐,"枯"意指不受宠的太子申生。里克听后,选择了中立。这里的"集"就是停留的意思,后人就用"集宛"比喻趋炎附势,用"嘘枯"比喻扶助危难。

隼(sǔn)是一种凶猛的鹰,"集隼"是指栖止的鹰,但隼应该在山林里出没,如果栖止在人家的高墙上,必然会为人所射而坠落,所以"集隼"的"集"可以引申出坠落的意思,"集隼"即指坠落的鹰。据《国语·鲁语》记载,孔子在陈国时,"有隼集于陈侯之庭而死",一支石制的箭头,长一尺八寸,射穿了它的身体。陈侯派人带着隼和箭去请教孔子,孔子说:"这只隼从很远的地方而来,这支箭是北方的肃慎氏制造,献给周天子的。"后人于是用"隼集陈庭"来形容博闻强识。

《圣庙祀典图考》附圣迹图『陈庭辨矢』
清代顾沅编撰，孔继尧绘图
道光六年（1826）吴门赐砚堂顾氏刊本

顾沅（1799—1851），清代学者、藏书家，字澧兰，号湘舟，又自号沧浪渔父，江苏长洲（今苏州）人。孔继尧，字砚香，号莲乡，清代江苏昆山人。

《圣庙祀典图考》共五卷，收录孔子及由汉至清历代配祀孔庙者144人之画像，包括孔子弟子及历代名儒，并均附有人物小传。书后附孔孟圣迹图一卷。

这幅"陈庭辨矢"是书后所附《孔子圣迹图》中的一幅，图中孔子正指着地上被石箭射中的隼向对面的陈侯讲解。隼类是中小型猛禽，广布于世界各地，多为单独活动，飞翔能力极强，是视力最好的动物之一。

雇

鸟儿飞到门前催促干农活

已办青钱防雇直，当令美味入吾唇 ——杜甫

❶

❷

"雇"这个字很有趣。今天的意思是出钱让人为自己做事，或者付报酬，比如"雇直"一词就是付费。杜甫有诗："已办青钱防雇直，当令美味入吾唇。"意思是准备好了青铜钱要付费买酒。今天的读音为"gù"，但最早却读作"hù"。

雇，甲骨文字形❶，这是一个会意兼形声的字，下面是一只鸟，上面是"户"，像"门"的一半，一扇为"户"，两扇为"门"。甲骨文字形❷，鸟儿和"户"换了位置。《说文解字》中还收录了说文籀文字形❸，鸟儿和半扇门的形状更加形象。小篆字形❹，上面是"户"，下面是"隹"。

《说文解字》："雇，九雇，农桑候鸟，扈民不淫者也。"原来，"九雇"是一种与农桑事有关的候鸟，用途是督促农民不要偷懒不要乱了农时。鸟儿是一类，但是根据一年四季不同的用途，又可以细分为九雇，以下分别讲述九雇的名称和具体的用途。

一、春雇，别称"鳻鶞"（fén chūn），形体较大的青色鸟，用途是催促农民按时耕种。

二、夏雇，别称"窃玄"。这里出现了一个奇怪的

❸

❹

字:窃。古代学者们通常认为"窃"是"浅"的古字,"窃玄"即浅黑色,可见夏雇是一种浅黑色的候鸟,用途是催促农民耘苗,除草间苗。

三、秋雇,别称"窃蓝",浅青色的候鸟,用途是催促农民收获农作物。

四、冬雇,别称"窃黄",浅黄色的候鸟,用途是催促农民盖藏,将农作物收藏进粮仓。

五、棘雇,别称"窃丹",浅红色的候鸟,用途是驱赶别的鸟雀,不让它们啄食果木。"棘"是丛生的小枣树,多刺,取其用棘刺驱赶之意。

六、行雇,别称"唶唶"(jí),唶唶是这种鸟鸣叫的声音,用声音当作别称,用途是"昼为民驱鸟者也",白天的时候为农民驱赶别的鸟雀。"行"取其飞行之意。

七、宵雇,别称"啧啧"(zé),也是取其鸣声当作别称,用途是"夜为农驱兽者也",夜里为农民驱赶野兽,故取"宵"为名。

八、桑雇,别称"窃脂"。这种候鸟的别称最有意思,古代学者们争论很多。一种说法是桑雇俗称青雀,嘴呈弯钩状,喜欢盗窃人家里肉食中的油脂和膏,故名窃脂。但是如此一来,上面几种候鸟的别称——窃玄、窃蓝、窃黄、窃丹——就无法解释了,颜色怎么能够窃走呢?因此最有说服力的解释,"窃"还是"浅",油脂呈白色,因此"窃脂"就是浅白色,"桑雇"就是浅白色的候鸟,用途是为桑蚕驱赶别的鸟雀,故取"桑"为名。

九、老雇,别称"鷃鷃"(yàn),也是取其鸣声当作别称,用途是催促农民收麦子的时候不能起晚了。老人都起得早,故取"老"为名。

"雇"是怎么会意的呢?白川静先生认为"户"是指神龛的单扇门,在"户"前放置鸟儿进行占卜,借用鸟儿的神力问询神意,因此会意为借用、利用之意,引申为雇用。不过我的看法不同,从字形来看,"雇"就是一只鸟儿飞到门前,用叫声来催促农民进行各种农桑活动,就像是大自然雇用来催促的一样,因此会意为借用、利用之意,引申为雇用。

《左传·昭公十七年》中有"九扈"的官职,"为九农正,扈民无淫者也"。"扈"是后起的字,九扈本为九雇,因声通假,借用鸟名以作农事官员的官职之名。经过漫长的语音演变,"雇"的读音从"hù"演变为"gù",这个字的起源也渐渐被人忘却了。

旧

猫头鹰飞进别的鸟巢里

其新孔嘉，其旧如之何 ——《诗经》

❶　　　　　❷　　　　　❸

"旧"的繁体字是"舊"，许慎认为这个字"从萑臼声"，这是根据小篆字形 ❻ 作出的解说，如果他老人家见过甲骨文，想必就不会这样说了。

旧，甲骨文字形 ❶，这是一个会意字：上部是一只鸟，头上有毛角，瞪着两只大眼睛；下部是鸟巢。这只鸟就是猫头鹰。《说文解字》："旧，鸱旧，旧留也。"徐锴进一步解释说："即怪鸱也。今借为新旧字。"

猫头鹰这一类的鸟被古人命名为"鸱（chī）"或"鸱鸮（xiāo）"。《诗经》中有一首诗，名字就叫《鸱鸮》，一开篇就痛心地吟咏道："鸱鸮鸱鸮，既取我子，无毁我室。"古人认为鸱鸮是一种恶鸟，"昼常伏处，至夜每出攫他鸟子为食"，所以这首诗的作者含悲乞求：鸱鸮啊鸱鸮，既然攫取了我的稚子，请不要再毁坏我的鸟巢。"既取我子，无毁我室"这句诗就是"旧"的甲骨文字形的形象写照：鸱鸮飞到别的鸟儿的鸟巢里，攫取了幼鸟。该字形下部的鸟巢即是别的鸟儿的鸟巢。

旧，甲骨文字形 ❷，下部更像鸟巢的样子，猫头鹰头上的毛角其实就是两只耳朵。金文字形 ❸，这个字开

❹ ❺ ❻

始变形:头上的毛角变得好像草字头,下部的鸟巢里面添加了两点,为小篆字形下面的"臼"打下了基础。这个鸟巢的变形使白川静先生认为像捕鸟用的猎具:"'舊'义示用猎具臼夹住耳鸮双脚,使其无法飞去,将其捕捉。耳鸮昼间视力很差,很容易抓住腿脚将其捕获。"金文字形❹,下部的鸟巢确实像带有齿状的猎具。金文字形❺,下部彻底变成了"臼",小篆字形❻就是根据金文字形而来,以至于许慎误释为"从萑臼声"。楷书字形则完全不知所云。

《诗经·东山》篇中吟咏道:"其新孔嘉,其旧如之何?"这是一位从军出征的人对妻子的怀念:她新婚的时候是那么美好,现在时间这么久了会怎样呢?"旧"为什么会有长久的义项呢?白川静先生认为:"耳鸮被抓住双脚不能飞动,只能长时间驻足不动,由此衍生出历时长久之义,历时长久则变旧,从而有了古旧之义。"谷衍奎《汉字源流字典》则认为:"传说古人捕捉时,先拣一旧鸟为媒,以原鸟捕新鸟,对新捕的鸟来说,原先的鸟即为旧。"还有学者认为是借字,正如徐锴所说"今借为新旧字"。

不过我倒认为,古人既然将鸱鸮"既取我子"的特性形诸诗篇,那么一定经过了长久的观察,同时"既取我子"也是一种历时长久的行为,年年都在发生,因此才从这种特性引申出长久之义。古人看到"既取我子"的行为,立刻就回想起往年发生的相同的事情,因此"旧"又有过去的、原先的意思。

不过有趣的是,跟这种伤痛的联想不同,"旧"在表达原有的这个意思的时候,多含褒义,比如《诗经·召旻》中有"维今之人,不尚有旧",这里的"旧"指忠心耿耿的老臣。故交、老朋友也叫"旧",比如与谁谁谁"有旧",就是指老交情。至于怀旧、念旧、亲戚故旧这些词就更不用说了,当然都是褒义词。

霍

鸟群在大雨中疾飞

> 跳丸剑之挥霍，走索上而相逢
> ——张衡

❶　　　　　❷　　　　　❸

"霍"这个字，今天最常使用于挥霍、霍乱和霍姓三个义项。这三个义项都和其本义密切相关，而且"霍"的本义非常有趣。

霍，甲骨文字形❶，这是一个会意字，上面是"雨"，下面是三只鸟儿，会意为鸟群在雨中疾飞。甲骨文字形❷，雨和鸟群的象形都加以简化，以便刻写。甲骨文字形❸，中间的鸟儿之形省写为"隹"，下面的弯曲之形表示雨水在地面形成的流水，可见这雨下得非常大。金文字形❹，比甲骨文更美观，当然也一样烦琐。金文字形❺，下面是两只相背而飞的鸟儿。小篆字形❻，下面定型为两只鸟儿，这就是"霍"的本字"靃"，"霍"则是省写和俗字。

《说文解字》："霍，飞声也。雨而双飞者，其声霍然。"徐锴说："其飞霍忽疾也。"南宋学者戴侗说："霍，鸟遇雨惊飞也。"这应该是"霍"的本义，即鸟儿在雨中疾飞。许慎解释的"其声霍然"只是引申义，试想鸟群疾飞时也会发出扑扑、呼呼等声音，为什么单单只能发出霍霍之声呢？可见"霍"是由疾飞才引申为声音的，《木兰诗》的名句"磨刀霍霍向猪羊"，就是使用的由

❹ ❺ ❻

"霍"引申出的拟声。

张衡在《西京赋》中吟咏道："跳丸剑之挥霍，走索上而相逢。"描述的是汉代杂技表演的场景。"丸"是铃铛，"挥霍"是形容铃和剑快速舞动的动作；"索"是扯起的绳索，两人分别从两头走上绳索，在绳索中间碰面，同时迅疾舞动铃和剑。可见"挥霍"原是形容迅疾的样子，当然就是从鸟儿疾飞引申而来；后来才变成贬义词，比喻快速挥霍家产，任意浪费财物。

最有趣的是"霍乱"的命名。"霍乱"其名早在《黄帝内经·灵枢》篇中就已出现，岐伯告诉黄帝人体有五乱：乱于胸中，乱于心，乱于肺，乱于肠胃，乱于臂胫，乱于头。其中乱于肠胃就叫"霍乱"。隋代医学家巢元方在《诸病源候论》一书中解释为何称作"霍乱"："言其病挥霍之间，便致撩乱也。"此处"挥霍"一词仍然是形容迅疾之貌，"其乱在于肠胃之间者，因遇饮食而变发，则心腹绞痛"，饮食不洁，"挥霍之间便致撩乱"，发病极为迅速、突然，故称"霍乱"。

至于霍姓，其始祖乃是周文王的第八子叔处。据《史记·管蔡世家》载："封叔处于霍。"叔处和管叔、蔡叔合称"三监"，负责监视殷纣王的儿子武庚所辖商都旧地。周武王病逝后，周公辅政，武庚趁机联合三监作乱，叛乱平定之后，叔处被废为庶人，霍国由叔处之子执掌，后被晋国所灭，并入了晋国的版图。霍姓以国为氏，这就是霍姓的来源。

叔处的封地称"霍"，是因为其地有一座霍山，又称霍太山。那么霍山为何又称"霍"呢？虽然于史无载，但可以参考衡山的命名。应劭所著《风俗通义》中说："南方衡山，一名霍山。霍者，万物盛长，垂枝布叶，霍然而大。"可以想象，叔处封地的霍山也是"垂枝布叶，霍然而大"，霍姓的祖先就生活在这样一个植被茂盛的美丽地方。

蛊

龟甲灼烧后的裂纹

近女室，疾如蛊
——《左传》

❶ ❷

"蛊（gǔ）"是一个非常可怕的字眼，不仅古人谈蛊而色变，今人亦如此，甚至有很多关于西南边疆少数民族蓄蛊的传说。我们来看看"蛊"到底是什么东西。

"蛊"的繁体字是"蠱"，甲骨文字形 ❶，这是一个会意字，下面是器皿，器皿中有两条虫。甲骨文字形 ❷，虫子在器皿中扭动的样子令人毛骨悚然。甲骨文字形 ❸，两条虫子省作一条。山西侯马晋国遗址中出土的春秋晚期《侯马盟书》字形 ❹，三条虫子的样子有所变形，看起来不再那么恐怖了。小篆字形 ❺，下面定型为"皿"，上面定型为三条"虫"。简化后的"蛊"字则更接近古体。

《说文解字》："蛊，腹中虫也。"这里的"中"读作 zhòng，段玉裁解释说："中虫者，谓腹内中虫食之毒也。自外而入故曰中。"孔颖达为《左传》所作正义则说："以毒药药人，令人不自知者，今律谓之蛊毒。"朱骏声则说："凡蛊行毒饮食中杀人，人不觉。"据此则"蛊"字字形下面的器皿乃是饮食器。张舜徽先生解释得最为清晰："腹内中虫食之毒，谓之蛊，此乃本义。故其字从虫从皿，皿者，饮食器也。引申之，则凡不见于外能暗害人者，皆谓之蛊。"

❸ ❹  ❺

左民安先生则认为"蛊"的本义是"陈谷中所生之虫",并引王充所著《论衡·商虫》篇:"谷虫曰蛊,蛊若蛾矣。"据此则"蛊"字字形下面的器皿乃是盛谷之器。其实《左传·昭公元年》中也有"谷之飞亦为蛊"的记载,杜预注解说:"谷久积则变为飞虫,名曰蛊。"但"蛊"的甲骨文字形中的虫却并非飞虫之形。

郑樵所著《通志·六书略》中说:"造蛊之法,以百虫置皿中,俾相啖食,其存者为蛊。"巫师使用邪术加害于人称为"巫蛊",这是古人出于对大自然不了解而产生的敬畏,以及对巫师作法的神秘感所致,因此"蛊"字形中的虫应该是想象中的百虫相食所剩之虫。

据《左传·昭公元年》载,晋平公生病,向秦国求医,秦国派出了名医医和,诊断之后,医和称晋平公的病症是:"近女室,疾如蛊。非鬼非食,惑以丧志。"孔颖达解释说:"蛊者,心志惑乱之疾。若今昏狂失性,其疾名之为蛊。公惑于女色,失其常性,如彼惑蛊之疾也。"医和又说:"女,阳物而晦时,淫则生内热惑蛊之疾。"指责晋平公对女色毫无节制才导致"惑蛊之疾"。这当然是对女性彻头彻尾的诬蔑,将女人视为祸害男人的"蛊"中之虫。

"蛊"由此引申为惑人、害人。《说文解字》:"枭桀死之鬼亦为蛊。""枭桀"即"枭磔(zhé)",指凌迟处死、悬首示众的酷刑。张舜徽先生说:"今俗犹谓凡强死之鬼,其魂魄常依附人以为祟,是即枭磔之鬼亦为蛊之说已。语称'蛊惑',亦谓暗中迷惑人耳。""强死"指壮年而死于非命,这样的死鬼,魂魄依附于生人而为祟。

唐代博物学家段成式在《酉阳杂俎·广知》篇中记载:"古蠷螋、短狐、踏影蛊,皆中人影为害。"蠷螋(qú sōu)是昆虫名;短狐又称"蜮",水中的怪物,能含沙射人致死,此即"含沙射影"这个成语的由来;踏影蛊,踩踏人的影子也能害人。也许这些都是古时候真的存在而今天早已灭绝了的怪物吧!

《醒世恒言》卷十五插图（局部）
明代冯梦龙编，可一居士评，明末金阊叶敬池刊本

冯梦龙，明代文学家、戏曲家，长洲（今江苏苏州）人。《醒世恒言》是一部白话短篇小说集，是冯梦龙编的"三言"中流传最广、影响最大、艺术上最为成熟的一部，题材或来自民间事迹，或来自史传和唐、宋故事。始刊于明天启七年（1627），书前有版画38幅。

这幅是卷十五《赫大卿遗恨鸳鸯绦》的插图。此卷讲了一个"好色自戕"的故事。某监生赫大卿，为人风流俊美，专好声色，整日流连歌台舞榭。一日酒渴，偶入一尼姑庵，被几个标致女尼蛊惑，胡天胡地起来，乐极忘归，甚至扮成假尼姑掩饰身份。终因日夜淫欲无度，一命呜呼。所以画上题曰："生于锦绣丛中，死在牡丹花下。"

雝

鹡鸰在池泽边觅食

> 三家者以雍彻 ——《论语》

❶　　　　　　❷　　　　❸

著名语言学家王力先生说："《说文》雍作雝。雍字由雝演变而成。"段玉裁也说"隶作雍",即"雝"字隶变后写作"雍"。那么,"雍"的本字就是"雝"。古人是怎么造出这个无比复杂的字的呢?

雝,甲骨文字形❶,这是一个会意字,上面是一只鸟,下面的口形符号代表什么东西呢?徐中舒先生认为这个口形本来是圆圈形,即环形,甲骨文字形❷下面的两个口形即连环形,"甲骨文雝像鸟足为缱绻所羁绊不能飞逸之形,故从雝之字皆含有阻塞、壅蔽、拥抱、旋绕之义"。左民安先生认为这个口形"像水被壅塞而成的池泽"。谷衍奎《汉字源流字典》则认为"甲骨文从隹(鸟),从邕(环城积水),会鸟鸣婉转和谐如流水邕邕之意"。

雝,甲骨文字形❷,下面是两个口形。甲骨文字形❸,鸟儿的左边添加了水形。金文字形❹,水形更加明显,右边鸟儿的样子栩栩如生。金文字形❺,口形在上,水形在下。金文字形❻,鸟儿站在了两个圆圈形之上。金文字形❼,造出这个字的古人生怕后人不懂得字义,又在右下角不厌其烦地添加了一只手持着棍棒敲击之形。小篆字形❽,左下角的两个口形讹变为"邑"。

④ ⑤ ⑥ ⑦ ⑧

　　《说文解字》："雝，雝渠也。"《尔雅·释鸟》："鹡鸰，雝渠。"原来，"雝"这个字字形中的鸟儿叫鹡鸰或雝渠，雀属，身体很小，常在水边吃昆虫和小鱼，郭璞形容它"飞则鸣，行则摇"。如此一来，"雝"字的字形就会意为鹡鸰在池泽边觅食。这一场景肯定是古人生活中常见的景象，因此才拿来造字。朱骏声在《说文通训定声》中说："此鸟喜飞鸣作声，其音邕邕而和。"与郭璞所言"飞则鸣"的特性相合，因此引申为和谐之义。《诗经·匏有苦叶》中有"雝雝鸣雁"的诗句，就是形容大雁的叫声和谐。

　　西周时期，天子设立的大学称作"辟雍"，这个称谓也非常符合"雝"字的本义。"辟"通"璧"，模仿圆形的璧玉，象征天，修建圆形的校址；又在周围壅塞流水，筑成水池，象征教化如流水一样通行无阻。可以想见，鹡鸰也会来此觅食的。

　　"雍"由鹡鸰的飞鸣而引申为乐章。《论语·八佾》中说："三家者以雍彻。"三家指把持鲁国国政的仲孙氏、叔孙氏、季孙氏这三大家族。雍彻，何晏解释说："天子祭于宗庙，歌之以彻祭。"周天子在宗庙祭祀之后，要奏乐撤去祭祀所用的器具和食物，这种专门的乐章就叫"雍"。鲁三家只是鲁国的国卿，却使用周天子的礼仪，家祭之后也唱着周天子祭祀宗庙时专用的"雍"乐撤去祭品，因此孔子评价道："相维辟公，天子穆穆，奚取于三家之堂？"意思是：四方的诸侯都来相助天子祭祀，天子的仪容安和，这样的情景，怎能在三家的庙堂上看到呢？

皮

一只手在剥取兽皮

剥取兽革者谓之皮
——《说文解字》

❶

❷

我们看"皮"字就会觉得奇怪：如此构形，怎么就能够表示皮毛之"皮"以及物体的外皮呢？但其实，这个字刚造出来的时候并不是这个样子，而是一个真真切切的皮毛之"皮"的象形字。

甲骨文中还没有发现"皮"字，金文字形 ❶ 和 ❷，右下角是一只手，看得很清楚，左边这部分代表什么东西呢？学者们主要有两种观点。

林义光在《文源》一书中认为，左边像"兽头角尾之形"，向右突出的半圆则"像其皮"，下面的手"像手剥取之"。署名约斋、实为傅东华所著《字源》继承了林义光的看法，并进一步解释说：左上部分是兽头，下面的一竖或一撇是兽体，向右突出的半圆"像一片皮被揭起的样子"，整个字形会意为"一只手在剥取兽皮的形象"。这是第一种观点。

左民安先生在《汉字例话》中说："它的上部是一把直刃的平头铁铲下面拖着一条尾巴，代表铲的曲柄。"用铁铲剥取下来的兽皮即为向右的突出部分。整个字形会意为手拿平头铁铲剥取兽皮。也有学者说左边其实就是甲骨文的"克"，"克"即被剥皮的动物，上为兽头，中为兽体，右边是半剥落的兽皮，再加上一只手，像正在剥取之形。这是第二种观点。

❸

❹

皮，春秋战国时期的古文字形❸，这是金文的演变，王筠认为上面是角形，表示有角动物的头部；段玉裁则认为上面是"竹"，"盖用竹以离之"，用竹片将兽皮割离开来。小篆字形❹，讹变得很厉害，除了下面的手之外，上面完全看不出是什么东西了。

《说文解字》："皮，剥取兽革者谓之皮。"许慎并没有指出剥皮的工具，按照他的释义，上面仅仅表示兽皮，与上述第一种观点相似。因此，将该字形的左上部视作"兽头角尾之形"较为妥当。

皮毛及其所制的皮革乃是古人生活中非常重要的日用品，据《周礼》载，周代有"掌皮"一职，职责是："掌秋敛皮，冬敛革，春献之，遂以式法颁皮革于百工。共其毳毛为毡，以待邦事。岁终，则会其财赍。"

"毳（cuì）"指鸟兽的细毛，"赍"通钱财、资用之"资"。掌皮一职，秋天的时候收取兽皮，冬天的时候收取皮革，到了春天献给国君，再依照旧例把皮、革分拨给百工。供给细毛制作毡，以待用于国事。年终的时候，则结算收取、库存以及分拨百工的资用。

皮还用作馈赠的礼物。据《周礼》载："以禽作六挚，以等诸臣。""挚"通"贽"，见面礼。古人相见，必须有见面礼，根据等级制的规定，共有六种，称作"六挚"或"六贽"："孤执皮帛，卿执羔，大夫执雁，士执雉，庶人执鹜，工商执鸡。"其中诸侯所执的"皮帛"，郑玄注解说："皮帛者，束帛而表以皮为之饰。皮，虎豹皮。帛，如今璧色缯也。"也就是说，"皮帛"指用虎豹皮裹着的白色丝织品。

(传)李公麟《豳风七月图》(局部)
南宋佚名绘,纸本墨笔长卷,美国大都会艺术博物馆藏

这卷《豳风七月图》托名李公麟,纯用白描,以连环画的形式细致描绘了《七月》每一章的诗意。

这段画面描绘的是诗中第四章:"一之日于貉,取彼狐狸,为公子裘。二之日其同,载缵武功。言私其豵,献豜于公。""一之日""二之日"指夏历的十一月、十二月。秋收之后,农民们去野外打猎,打到的狐狸要献给"公子"作裘衣,打到的野猪,大的献给豳公,自己只能留下小的。"豵(zōng)"是一岁的小猪,"豜(jiān)"是三岁的大猪。画面中的猎人正要向"公子"献上猎物,一人举着狐狸,一人牵着野猪。那只狐狸的毛皮看起来蓬松华丽。

观

耳羽竖立、炯炯巨眼的猫头鹰

> 常事曰视，非常曰观
> ——《春秋谷梁传》

❶

❷

❸

"观"的繁体字是"觀"，不过甲骨文中还没有这个字，而是用雈（huán）、萑（guàn）表示观看之"观"，这两个字的区别将在下文详述。

观，甲骨文字形 ❶，很明显是一只非常美丽的鸟儿的形状。甲骨文学者马如森先生在《殷墟甲骨文实用字典》中解释说："像猫头鹰形。从二口，为突出二个大眼睛，以示鸟的特征。"甲骨文字形 ❷ 和 ❸，大同小异。

雈和萑都是猫头鹰一类的鸟，而且一眼就可以看出二者的区别，那就是后者比前者多了两只大眼睛。猫头鹰一类的鸟属于鸮（xiāo）形目，为夜行猛禽，眼睛上方有长长的两支羽毛，看起来就像耳朵一样，但其实不是耳朵，这对羽毛称"耳羽"。因此，雈和萑上面并非草字头，而是耳羽的形状，也就是甲骨文字形中眼睛上方的两只角。

学者康殷在《古文字形发微》一书中写道："盖造字的初民深刻地观察、了解鸱鸮是夜间活动的猛禽，眼光锐利无伦，有'夜撮蚤、察毫末'的特长，所以特地选用了鸱鸮之视来表示观看。他们高明而准确地抓住了此鸟的一双毛角如耳和炯炯的巨眼、利喙以至于健爪等

❹ ❺ ❻

特点,简练扼要地刻画出鸱鸺之视的种种鲜明的形象。"

"夜撮蚤、察毫末"出自《庄子·秋水》:"鸱鸺夜撮蚤,察毫末,昼出瞋目而不见丘山,言殊性也。"意思是:猫头鹰夜里能抓到跳蚤,明察毫毛之末,白天瞪大眼睛也看不见山丘,说的是秉性不同。

观,金文字形❹,下面定型为鸟形之"隹(zhuī)",成为禽类的部首。金文字形❺,右边添加了一个"見"。小篆字形❻,成为繁体的"觀"字。简化后的"观"字则完全看不出猫头鹰的形状了。

《说文解字》:"观,谛视也。"所谓"谛视",指非常仔细地察看,联想一下猫头鹰夜间捕食时炯炯有神的两只大眼睛就明白什么叫"谛视"了。公元前718年,鲁隐公前往棠地,"陈鱼而观之",陈设捕鱼的器具,观看捕鱼的过程,以之为乐。《春秋谷梁传》评价道:"常事曰视,非常曰观。"讽刺鲁隐公仔细地观看捕鱼乃是不合礼制的非常之举。

"观"还有一个读音 guàn。《尔雅·释宫》中说:"观谓之阙。"古时宫门两侧建有两座高台,称作"阙(què)",本为张贴法令、晓谕百姓之处,后来成为宫殿、宗庙、祠堂和陵墓前面的通用形制。双阙为观看法令之处,又可登而观望,故又称"观"。

据《史记·封禅书》载:"公孙卿曰:'仙人可见,而上往常遽,以故不见。今陛下可为观,如缑城,置脯枣,神人宜可致也。且仙人好楼居。'于是上令长安则作蜚廉桂观,甘泉则作益延寿观,使卿持节设具而候神人。"

缑（gōu）城即今河南偃师县，汉武帝曾多次前往，寻找仙人足迹。听从公孙卿的建议，汉武帝在长安城建蜚廉桂观，在重要性仅次于长安的离宫甘泉宫建益延寿观，俱高四十丈，一南一北，恰如双阙之形，等待仙人来居住。南北朝时期，同样向往成仙的道教遂将这一宫阙称谓拿来为己所用，因此而有后世的道观之名。

肉

能看见弯曲状肌理的一块肉

治古无肉刑而有象刑
——《荀子》

❶ ❷

作为偏旁，"肉"字旁和"月"字旁总是混淆，这大概是尽人皆知的常识。因此，肉字旁常常被称作"肉月旁"。本文将帮助读者朋友们厘清这一混淆。

肉，甲骨文字形 ❶，这是一块从动物身上切下来的肉，中间的短笔画表示肉的肌理。甲骨文字形 ❷，大同小异。两块这样的肉叠加起来就是"多"。金文字形 ❸，中间增加了一条肌理，也有人认为中间的短笔画表示肋骨。小篆字形 ❹，紧承金文字形而来。今天使用的"肉"字，里面讹变为两个"人"，完全看不出肉的肌理的样子了。

将"肉"的小篆字形 ❹ 和"月"的小篆字形 ❺ 做一个对比，就能够清晰地看到二者的区别："肉"里面的两条肌理呈弯曲状，"月"里面则是两横。不过这两个偏旁今天都已经混淆为"月"字旁，比如"有"这个字的本义是以手持肉，下面却误写成"月"了。

《说文解字》："肉，胾肉。象形。""胾（zì）"是切成大块的肉，"脔（luán）"则是切成小块的肉，因此段玉裁注解说："胾，大脔也。谓鸟兽之肉……生民之初，食鸟兽之肉，故肉字最古。而制人体之字，用肉为偏旁，是亦假借也。人曰肌，鸟兽曰肉，此其分别也。"

❸ ❹ ❺

人的肉称"肌",鸟兽之肉称"肉",不过后来就不加区别,人的肉,甚至包括人体的皮肤、肌肉和脂肪层也都可以称"肉",并进而产生了针对人的肉体(人身)的惩罚:肉刑。

据说肉刑始于夏商周三代。西周时期,周穆王命吕侯作《吕刑》,原书已失传,今本《尚书》中存有《吕刑》一篇,其中记载了称作"五刑"的五种肉刑,分别是:墨,又称"黥(qíng)",在额头上刻字涂墨;劓(yì),割掉鼻子;剕(fèi),砍掉脚;宫,男人阉割,妇人幽闭;大辟,死刑。

据《史记·扁鹊仓公列传》载,肉刑在汉文帝四年(公元前176年)废除,起因是齐国名医淳于意犯罪当刑,小女儿缇萦上书称:"妾愿入身为官婢,以赎父刑罪,使得改行自新也。"汉文帝深受感动,遂废除肉刑。《汉书·刑法志》载此事发生于汉文帝十三年(公元前167年),而且废除的是"肉刑三",即黥、劓、剕三刑。

荀子在《正论》篇中曾批驳过"治古无肉刑而有象刑"之说。"治世"指治理得很好的上古时期。所谓"象刑",是指按照犯罪程度的大小,让犯人穿上不同的服色,象征性地加以惩罚。比如用墨画脸代替刺字的墨刑,用系草帽带代替割鼻的劓刑,用割破衣服前的蔽膝代替宫刑,用穿麻鞋代替砍脚的剕刑,用穿上红褐色无衣领的衣服代替死刑。

荀子的观点则是:"杀人者死,伤人者刑"在任何时代都是基本原则;"刑称罪则治,不称罪则乱",刑罚应该和罪名相称;"治则刑重,乱则刑轻",治理得好的时代刑罚应该重,乱世则刑罚应该轻。

羽

羽毛上长有斜生的羽支

初献六羽，始用六佾也 ——《左传》

❶

❷

《左传·隐公五年》载："九月，考仲子之宫，将万焉。公问羽数于众仲。对曰：'天子用八，诸侯用六，大夫四，士二。夫舞所以节八音而行八风，故自八以下。'公从之。于是初献六羽，始用六佾也。"

"考"指建成，"万"是舞名，"佾（yì）"指乐舞的行列。这一年九月，鲁隐公为父亲鲁惠公的媵妾仲子修建陵寝，举行落成典礼的时候，要献演万舞，于是向大夫众仲询问执羽而舞的人数。众仲回答说："天子用八行，诸侯用六行，大夫用四行，士用二行。乐舞是调节八种乐器而传播八方之风，因此人数在八行以下。"自此开始使用"六佾"之礼，即六行乐人执羽而舞。

为什么要执羽而舞？八佾至二佾的详情又如何呢？

我们先来看看"羽"字是怎么造出来的，甲骨文字形❶，很显然是两根羽毛的象形，羽轴上分别刻画出三根斜生的羽支。甲骨文字形❷，羽轴上分别刻画出两根斜生的羽支。甲骨文字形❸，下面的圆圈表示深植于皮肤中的羽根。也有人认为这两个圆圈表示手执之处，执羽而舞。金文字形❹，加以规整化，跟今天使用的字形一模一样。小篆字形❺，反而变得较为复杂。

《说文解字》："羽，鸟长毛也。象形。"白川静先生在《常用字解》一书中解释说："羽毛二枚并列，表示羽毛、翅膀。鸟被视为神灵的化身，所以在旗帜、兵器上装饰羽毛。小'羽'指羽毛，大'羽'指翅膀。"

现在回到执羽而舞的问题。古有万舞，分为武舞和文舞两种。《尚书·大禹谟》载："舞干羽于两阶"。武舞即执干（盾牌）和斧钺而舞，文舞即执羽和乐器而舞。所谓"天子用八，诸侯用六，大夫四，士二"，这是说乐舞每行八人，天子之制使用八八六十四人，诸侯之制使用六八四十八人，大夫之制使用四八三十二人，士之制使用二八一十六人。

《论语·八佾》篇中曾有这样一则记载："孔子谓季氏：'八佾舞于庭，是可忍也，孰不可忍也？'"商亡后，周武王分封弟弟周公于鲁，并规定后世祭祀周公的时候特许使用天子的礼乐，因此周公之庙用八佾。掌握鲁国实权的卿大夫季孙氏本应使用四佾，但他竟然僭越，在自己的家庙中使用八佾！因此孔子才气愤地评价说"是可忍也，孰不可忍也"。

不过，鲁隐公"初献六羽，始用六佾"，这说明在他之前，鲁国的国君们也都在僭越而使用天子的八佾之舞，从他开始方才回归诸侯本应遵从的礼制，"始用六佾"。

"羽"是汉字的一个部首，从"羽"的字都与羽毛、鸟飞有关。和"羽"义项相近的还有两个常用字"翼"和"翅"，三者的区别，王力先生在《王力古汉语字典》中辨析得非常清楚："翼与翅是同义词，但翼较翅常用，构词能力较翅强。翼有遮护、辅助等义是翅没有的。羽是翅膀上的长毛，翼指翅膀，二字不同义。羽有时可当翅膀讲，如奋翼也可说奋羽；翼无羽毛义。羽毛羽扇，不作翼毛翼扇。"

《陈风图·宛丘》

(传)南宋马和之绘,赵构书,绢本设色,大英博物馆藏

    马和之,生卒年不详,钱塘人,南宋画家,擅画人物、佛像、山水,御前画院十人之首。他自创柳叶描,行笔飘逸,着色轻淡,人称"小吴生"。宋高宗和宋孝宗曾书《毛诗》三百篇,命马和之每篇画一图,汇成巨帙。其作笔墨沉稳,结构严谨,笔法清润,景致幽深,较之平时画卷,更出一头地。《陈风图》是《毛诗图》系列之一,根据《诗经·国风·陈风》中的十章诗意而绘。陈国为周武王灭商之后的封国,在现在的河南省淮阳一带,"其俗好巫鬼",巫风颇为盛行,其民能歌善舞。

    《陈风》首章《宛丘》就描写了祭祀巫舞的场面。诗曰:"子之汤兮,宛丘之上兮。洵有情兮,而无望兮。坎其击鼓,宛丘之下。无冬无夏,值其鹭羽。坎其击缶,宛丘之道。无冬无夏,值其鹭翿。"画面上两个巫师手持羽毛制作的舞具,正随着咚咚击缶声舞到酣处。众皆陶醉。"鹭羽""鹭翿(dào)"都是用鹭鸶羽毛制成的舞蹈道具,像扇形或伞形。

灶

穴居的灶台上出没着直翅目的灶马

> 白灶生蛙
> ——《楚辞章句》

❶

首先需要辨析的是：灶台之"灶"，古字为"竈"或"䆴"，"灶"则是这两个字的俗体字，也是今天所使用的简化字。很显然，上面两个字太过繁冗，不宜书写，因此后人又造出了从火从土的"灶"，会意为烧火的土灶。不过，如此一来，古人发明灶时的原始形态以及造出这个字的思维方式也就尽数失去。

古时的灶，可不仅仅是烧火的土灶，其中蕴含着非常丰富的含义。我们来看看本字"竈"的金文字形❶，上面是一个"穴"，上古穴居，可以理解为在穴居之处建灶。不过甲骨文时代早已有地上宫室，因此也可以理解为掘穴建灶，原始的灶就是这样发明的。

那么，下面的字符到底表示什么呢？这个古怪的符号被学者们尽情地猜测，迄今尚无定论。有人说中间像是在地面上挖出的火道，两旁则是堆积的柴草，从字形上来看完全不像；也有人说像是蟋蟀一类的昆虫，因为灶台温暖，秋冬时节就躲在这里，但为什么造字的古人以此取意，却又无法解释。

徐锴则解释说："穿地为竈也。"张舜徽先生在《说文解字约注》一书中就此发挥道："太古穴居野处，率

❷

穿地以为炊爨之处，此即竈之起原，故其字从穴。盖自初民始知用火以为熟食，而竈兴矣。""爨（cuàn）"和"炊"同义。此说的意思大概是指下面的字符表示"用火以为熟食"，但详情却也语焉不详。

1941 年，著名学者杨堃先生在《灶神考》这篇名文中认为这个字符乃是蛙形："最初的司灶者或灶之发明者，恐属于以蛙为图腾之民族。"他引述段成式《酉阳杂俎·广知》中的记载："灶无故自湿润者，赤蝦蟆名鉤注居之，去则止。"又引述《楚辞·天问》中诵唱的诗句："水滨之木，得彼小子，夫何恶之，媵有莘之妇？"讲的是商初名臣伊尹的故事。据东汉学者王逸的注解：伊尹的母亲梦见神女告知："臼灶生蛙，亟去，无顾。"不久，臼灶中果然生蛙，她赶紧逃跑，回头一看，居住的城邑已被洪水淹没。因为没听神女不要回头的告诫，她也溺死，化为空桑之木，水干之后，伊尹从空桑之木中出生。长大后，伊尹很有才干，但因为出身不好，收养他的有莘氏便把他作为"媵（yìng）"，即陪嫁的侍从。有莘氏之女嫁于商王成汤为妃，伊尹便到了成汤那里当厨师，他向成汤分析天下形势，被成汤看中，得到重用。

杨堃先生就此认为："臼灶乃指臼形之土灶而言……所谓'臼灶生蛙'者……乃臼形之土灶，忽而生蛙之谓也。盖臼形之土灶本系挖地而为之，故有生蛙之可能。而且以理推之，似应先有蛙灶之神话作为背景，然后始有臼灶生蛙与伊尹生于空桑而养于庖人之传说也。"

就字形来看，倒也确像蛙形，后遂定型为小篆字形❷，《说文解字》："竃，炊竃也。"

不过，我倒觉得"穴"下面这个字符极像灶马之形。《酉阳杂俎·广动植之二》载："灶马，状如促织，稍大，脚长，好穴于灶侧。俗言灶有马，足食之兆。"灶马属于直翅目穴螽科昆虫，一年四季都可见到，常出没于灶台，以剩菜和小型昆虫为食，此即"灶马"之"灶"的得名；又在直翅目中体型最大，"马"是六畜中最大的家畜，引申为"大"之意，此即"灶马"之"马"的得名。

灶马有粗大的六肢，体背隆起，恰像这个字符所描绘的形状。古人相信灶台上有灶马是"足食之兆"，因此以此取象，寄寓着丰衣足食的美好愿望，"五祀"之祭所祭祀的住宅内外的五种神就包括灶神，其余四神为门神、户神、井神、中溜神（土地神）。后世祭灶所说的灶王爷骑马上天告状，不过是对"灶马"其名的误解而已。

鸟儿张开的两翅相背

非礼勿视，非礼勿听，非礼勿言，非礼勿动

——《论语》

"非"这个字使用最多的义项是错误或表示否定的副词，古今皆同。那么，它为什么可以表示否定呢？这就要从字形上来释疑了。

非，甲骨文字形❶，对这个字形有两种不同的解说：一种意见认为下面即是两人相背之形的"北"，但为了区别于"北"，上面各添加了一短横指事符号；相背的人形两侧是刻意强调的手。整个字形会意为两人背道而驰。另一种意见，如林义光在《文源》一书中认为"像张两翅"，于省吾先生主编的《甲骨文字诂林》则解释说："凡鸟飞，翅必相背，故因之为违背之称。"

非，甲骨文字形❷，这个字形可以确定为鸟儿"张两翅"之形。如果是两人相背，则断无从侧面能同时看到两只手的可能；而鸟翅上羽毛众多，仅以两根羽毛来示意，理所固然。正如戴侗早就指出过的"飞与非一字而两用"，古人先造出"非"，然后在此基础上再造出"飞"。请看"飛（飞）"的小篆字形❸，"非"的甲骨文字形❷正是下部张开的翅膀的截取图。

非，金文字形❹和❺，大同小异，但请注意，这个字形不是"兆"。小篆字形❻，笔画增加并延长，变得

匀整，但再也看不出张翅之形了。

《说文解字》："非，违也。从飞下翄，取其相背。""翄"通"翅"。段玉裁注解说："从飞下翄，谓从飞省而下其翄，取其相背也。翄垂则有相背之象，故曰非，违也。"与上面的字形分析一致。从两翅相背引申而表否定。

《论语·颜渊》篇中记载了孔子的一句名句："非礼勿视，非礼勿听，非礼勿言，非礼勿动。""非礼"指不合礼仪节度。那么，什么样的视、听、言、动可以称得上"非礼"呢？

《礼记·曲礼上》中规定：去别人家做客，"将入户，视必下。入户奉扃，视瞻毋回"。快进门时，目光一定要向下；"扃（jiōng）"指从外面关门的门闩，进门时要两手向心，好像捧着门闩一样，这是恭敬之举，同时，向下的目光不能回转，东张西望。

乘车时，"立视五巂，式视马尾，顾不过毂"。"巂"通"规"，指车轮转一圈；"式"通"轼"，车厢前面供人凭倚的横木；"毂（gǔ）"是车轮中心的圆木。站在车上时，向前的视线要达到车轮转动五圈的距离；凭轼行礼时，视线只能达到马尾处；向后看时，视线不能越过车轮中间的圆木。

《礼记·曲礼下》中则规定："天子视不上于袷，不下于带；国君，绥视；大夫，衡视；士，视五步。""袷（jié）"指交叠于胸前的衣领，即"交领"，臣子看天子，目光上不能超过交领，下不能低于腰带；"绥"通"妥"，"妥视"即垂视，臣子看国君，目光要在面部以下，交领以上；"衡视"即平视，大夫的属下看大夫，平视即可；士的属下看士，可以左右旁视五步的距离。

"凡视，上于面则敖，下于带则忧，倾则奸。"凡是看人，如果看得过高，超过面部，都看到头上去了，那么就会显得傲慢；如果看得过低，都低到对方的腰带下面了，那么就会显得似有忧愁；如果在对方的左右乱看，就会显得奸诈。

以上就是"非礼勿视"的真实含义。今人更多用于男人不礼貌地盯着女人看，实在是大错特错！

后面三项就很简单了："非礼勿听"，比如《礼记·曲礼上》"毋侧听"，侧着身子，支棱着耳朵，有偷听别人隐私之嫌；"非礼勿言"，说话要经过大脑，不要口不择言，瞎说一气；"非礼勿动"，身体的动作要庄重，不要轻浮。

《屏风后偷听恋人的女子》(屏風の後ろで恋人に盗み聞きする女)
铃木春信绘,江户时代

　　画面上,一对恋人依偎而卧,正在耳鬓厮磨,卿卿我我。屏风后,有个年纪尚幼的女子悄然坐在那儿,垂目屏息,一副"非礼而听"的样子。她大概是一位见习游女,需随身服侍等级较高的游女。从屏风上的松树景和女子和服上的雪压竹叶图案来看,时节大概是冬天。榻榻米上散落着两本书,男子手里还拿着一根烟管。屏风之前是肆意沉醉,屏风之后则敛容缩身。被偷听的人似乎毫不介意,而偷听者还是有些不自在吧。

象

最惹眼的就是长鼻子

> 商人服象，为虐于东夷
> ——《吕氏春秋》

　　《说文解字》："豫，象之大者。"河南省古称豫州，如今简称"豫"，是否说明上古时期的中原地区出产大象呢？我们先从"象"的造字入手，层层解开这个有趣的疑问。

　　象，甲骨文字形❶和❷，显然是一头栩栩如生的大象的样子，大象最明显的特征就是长鼻，这个字形描画得非常清晰。金文字形❸和❹，紧承甲骨文字形而来，虽然加以抽象化，但长鼻的特征仍然没有失去。小篆字形❺，上部的长鼻变形得很厉害，不过了解字形的演变之后，还是能够看出大致的象的样子。

　　《说文解字》："象，长鼻牙，南越大兽。三年一乳，象耳牙四足之形。"罗振玉先生对许慎的释义进行了详细的辨析："今观篆文，但见长鼻及足尾，不见耳牙之形。卜辞……亦但象长鼻，盖象之尤异于他畜者，其鼻矣。又象为南越大兽，此后世事，古代则黄河南北亦有之。'爲'字从手牵象，则象为寻常服御之物，今殷墟遗物有镂象牙礼器，又有象齿甚多。卜用之骨，有绝大者，殆亦象骨。又卜辞卜田猎，有获象之语。知古者中原象至殷世尚盛也。"

❸ ❹ ❺

"中原象至殷世尚盛",说得一点儿都不错,《吕氏春秋·古乐》篇中有明确记载:"成王立,殷民反,王命周公践伐之。商人服象,为虐于东夷。周公遂以师逐之,至于江南,乃为三象,以嘉其德。"

这段话讲的就是著名的"管蔡之乱"。纣王的儿子武庚联合管叔、蔡叔作乱,役使大象,为害东夷。周公用了三年时间平定叛乱,并作"三象"之乐纪念。据《礼记·内则》载:"成童,舞《象》,学射御。"周代的男孩子到了十五岁就要学习"三象"的乐舞,这属于武舞,还要练习射箭和御马之术,因此雅称男孩子十五岁为"舞象"之年。

《韩非子·解老》篇中有这样一段议论:"人希见生象也,而得死象之骨,案其图以想其生也,故诸人之所以意想者,皆谓之'象'也。"韩非子是战国时人,可见至周代末年,黄河流域的大象早已经灭绝了。人们看到象骨而揣想活象的模样,因此"象"字引申出形象、象征、肖像等含义。

那么,为什么大象会灭绝呢?原来,这跟当时的气候变化密切相关。商、周交替之际,黄河流域的年平均气温比现在高大约3℃,学术界称作"仰韶暖期",雨水丰沛,草木茂盛,适合大象生存。到了西周周孝王时期,《竹书纪年》载公元前903年长江、汉江结冰,这是一次大规模的气候变冷期,黄河流域不再适合大象生存,因此韩非子的时代早就看不到活象了。而许慎所生活的东汉时期,更是把大象定义为"南越大兽",只有在热带地区才能见到了。

彘

用箭射中野猪后捉回来驯养

命曰人彘
——《史记》

❶

❷

马、牛、羊、鸡、犬、豕，这是古代中国的先民们最早驯化的六种家畜，合称"六畜"。其中猪的称谓最为丰富：豕（shǐ），豬（猪），豚，畜（chù），彘（zhì）。本文解说的是"彘"。

何谓"彘"？《说文解字》："彘，豕也。后蹄废谓之彘。"段玉裁注解说："废，钝置也。彘之言滞也，豕前足仅屈伸，后足行步塞劣，故谓之废。"张舜徽先生在《说文解字约注》一书中进一步解释说："家畜之豕，以圈养之，食已则睡，睡起复食，不常出外行动，易致肥腯，而后蹄多废，大者尤然，故其行走迟难也。"

"腯（tú）"是形容猪肥的专用字。按照上述说法，家猪因为贪吃贪睡，运动极少而导致后蹄退化，因此以与"滞"同音的"彘"命名。事实果真如此吗？

彘，甲骨文字形❶，右边是一头猪，左边是一支箭（矢），显然是指用箭射猪。甲骨文字形❷，这支箭射穿了猪的腹部。甲骨文字形❸，射穿猪腹的是箭的省形。罗振玉先生解释说："从豕身着矢，乃彘字也。彘殆野豕，非射不可得，亦犹雉之不可生得。"裘锡圭先生也在《文字学概要》中写道："古代称野猪为彘。野猪是射猎的对象，所以字形在'豕'上加'矢'以示意。"

臧克和先生则在《汉字取象论》一书中认为"取

❸ ❹ ❺

'矢'的竖直耸立的特点,来涵盖一类具有竖直耸立特征的事物",并举文献记载:"《〈山海经〉图赞》:'豪彘:则彘之族,号曰豪彘。毛如攒锥,中有激矢。'又《北山经》'长彘'条:'长彘百寻,厥髦如矢。'"因此得出结论:"皆可征'彘'字从矢之义,殆取象象征其髦之刚,其毛如锥也。"

不过从字形来看,箭射野猪的形象非常鲜明,却并没有猪鬃刚如箭矢的样子。

金文字形 ❹,开始变得复杂起来。中间还是一支箭,左边仍然是猪的象形,右边的字符是什么呢?陈明远、金岷彬两位学者在《从甲骨文看史前狩猎与动物驯养》一文中认为这是一条猎犬,"强调用矢和猎犬捕猎"。小篆字形 ❺,跟今天使用的"彘"字一模一样,除了"矢"之外,其余部分都看不出野猪的样子了,下部的两个"匕"显然是从金文字形讹变而来,但完全不知所云。

综上所述,"彘"的本义应为用箭射中野猪,捕获回来驯养成家猪,或用作祭祀。

《史记·吕太后本纪》记吕后最恨刘邦的宠妃戚夫人,刘邦死后,"太后遂断戚夫人手足,去眼,煇耳,饮瘖药,使居厕中,命曰'人彘'"。"去眼",挖掉双眼;"煇"通"熏","煇耳"即熏聋耳朵;"瘖(yin)"指失语病,变成哑巴。

不仅如此,心肠歹毒的吕后还"召孝惠帝观人彘"。汉惠帝看到戚夫人的惨状,痛不欲生地说:"此非人所为。臣为太后子,终不能治天下。"从此不理朝政,没几年就病死了。

蜀

蜷起身子、眼睛突出的蚕

烈日已应惊蜀犬，炎云惟是喘吴牛
——唐 孙华

❶

❷

　　天府之国四川别称"蜀"，人们大多不知道为何有这样的别称，让我们先来看看"蜀"这个字的演变过程。

　　蜀，甲骨文字形❶，这是一个象形字，《说文解字》："蜀，葵中蚕也。从虫，上目象蜀头形，中象其身蜎蜎。"段玉裁称，应为"桑中蚕"，如此一来这个字的意义就很清楚了，"蜀"就是蚕，上部的"目"是蚕头部的形状，下部的卷曲状是模仿蚕身体屈曲的样子。蜎蜎（yuān），形容虫子爬行的曲躯蠕动的样子。甲骨文字形❷，蚕的身体蜷曲得更厉害了。金文字形❸，下面添加了一条虫来示意。小篆字形❹，直接从金文演变而来。楷体字形的下部直接变成了"虫"字。

　　《诗经·东山》有句："蜎蜎者蜀，烝在桑野。"烝（zhēng）形容众多，这句诗的意思是：众多的蚕儿曲曲弯弯地爬行在遍布桑林的田野。古代的四川很早就开始种桑养蚕，因此以蚕为图腾。李白《蜀道难》一诗开篇就说："蚕丛及鱼凫，开国何茫然。"蚕丛和鱼凫是古蜀国两位国王的名字，蚕丛显然更是直接以蚕为名为图腾。据《华阳国志》记载："蜀侯蚕丛，其目纵。"蚕丛的眼睛是"纵"起来的，想一想"蜀"字的金文字形吧，上面那只大眼睛多么像纵起来的形状啊！这就是

❸ ❹

四川别称"蜀"的来历。正因为古蜀国早就开始种桑养蚕,因此盛产丝绸,著名的蜀锦、蜀绣行销全国,成为著名的丝织品。

有个成语叫"蜀犬吠日",是少见多怪的意思。蜀地多雾,不常出太阳,因此每逢日出,群狗就狂吠不已。"蜀犬吠日"这个成语出自柳宗元《答韦中立论师道书》:"屈子赋曰:'邑犬群吠,吠所怪也。'仆往闻庸蜀之南,恒雨少日,日出则犬吠,余以为过言。"柳宗元说:屈原说群犬狂吠,是在吠奇怪的东西。过去我听说庸(古国名,在今湖北省竹山县东南)和蜀以南的地方经常下雨,很少出太阳,一出太阳就会群犬乱吠,当时我还以为这是夸大其辞呢!从此人们就用"蜀犬吠日"比喻少见多怪。

清代诗人唐孙华有诗:"烈日已应惊蜀犬,炎云惟是喘吴牛。"如同"蜀犬吠日"一样,吴地的水牛畏热,见到月亮就以为是太阳,喘息不已,这叫"吴牛喘月"。此诗称吴牛见到炎云也喘息,想来它们是多么希望见到阴云啊!

有趣的是,"蜀"还是一种动物的名字,这种神奇的动物记载在《山海经》中:"有兽焉,其状如马而白首,其文如虎而赤尾,其音如谣,其名曰鹿蜀,佩之宜子孙。"东晋学者郭璞用韵文进一步描述了"鹿蜀"这种神奇的动物:"鹿蜀之兽,马质虎文,骧首吟鸣,矫足腾群,佩其皮毛,子孙如云。"《山海经》中记载着很多神奇的动物,现代人却都视之为传说,大概是因为当时的很多动物后来都灭绝了,如今不是每天还都在灭绝许多物种吗?"鹿蜀"大约也经历了同样的命运。

《王蜀宫妓图》

明代唐寅绘,绢本设色,北京故宫博物院藏

唐寅(1470—1524),字伯虎,小字子畏,号六如居士,南直隶苏州府吴县(今江苏苏州)人。明代著名书法家、画家、诗人,"吴门四家"之一。

此图原名《孟蜀宫妓图》,俗称《四美图》,描绘五代前蜀后主王衍的后宫故事,有讽喻之意。画上题曰:"莲花冠子道人衣,日侍君王宴紫微。花柳不知人已去,年年斗绿与争绯。蜀后主每于宫中裹小巾,命宫妓衣道衣,冠莲花冠,日寻花柳以侍酣宴。蜀之谣已溢耳矣,而主之不挹注之,竟至滥觞。俾后想摇头之令,不无扼腕。"

画面上,四个宫女正在整妆待君王召唤。她们头戴金莲花冠,身着云霞彩饰的道衣,妆容精致,体态优美。这是唐寅工笔重彩仕女图的代表作品。仕女削肩狭背,柳眉樱唇,额、鼻、颔施以"三白";衣纹作琴弦描,细劲流畅;设色鲜明,浓艳又不失清雅。

前蜀是五代十国政权之一,由王建所建,定都成都,历十八年即覆灭。

❶

鳏 —— 一条流泪的鱼

老而无妻曰鳏 ——《孟子》

孟子在《梁惠王下》篇中发过一段著名的议论:"老而无妻曰鳏,老而无夫曰寡,老而无子曰独,幼而无父曰孤。此四者,天下之穷民而无告者。"在这四种称谓中,"寡""独""孤"都很容易理解,唯独这个"老而无妻曰鳏"令人费解。"鳏(guān)"到底是什么东西?为什么可以代指老而无妻的男人呢?

"鳏"是后起字,金文字形❶,下面是条鱼,上面是"眔"。在甲骨文字形中,"眔"是眼中流泪之形,郭沫若先生认为"当系涕之古字,像目垂泪之形";加拿大学者高岛谦一先生和中国台湾学者高鸿缙先生则认为是"泪"的初文;中山大学陈斯鹏教授认为是"泣"的初文。也就是说,这个字形会意为一条流泪的鱼。

鳏,金文字形❷,上下两部分结合得更加紧密。小篆字形❸,规整化为左右结构。《说文解字》:"鳏,鱼也。从鱼,眔声。"许慎只说"鳏"是鱼,却没有说是什么鱼。其实"鳏"就是鳡(gǎn)鱼,是一种体量很大的鱼,重者可达三四十斤,甚至可达百斤,性情凶猛,以捕食其他鱼类为生。

托名孔鲋所著的《孔丛子·抗志》篇中讲了一个有趣的故事:"子思居卫,卫人钓于河,得鳏鱼焉,其大盈车。子思问之曰:'鳏鱼,鱼之难得者也,子如何

❷

❸

得之？'对曰：'吾始下钓，垂一鲂之饵，鳏过而弗视也。更以豚之半体，则吞之矣。'子思喟然曰：'鳏虽难得，贪以死饵；士虽怀道，贪以死禄矣。'"

卫人一开始用鲂鱼做饵，但鳏鱼视而不见；又用半只小猪做饵，鳏鱼这才上钩。可见鳏鱼体量之巨大，一口可以吞下半只小猪。

那么，"鳏"或"鳏夫"为什么可以指代无妻的男人呢？我们先来看看刘熙在《释名·释亲属》中的解释："无妻曰鳏。鳏，昆也，昆，明也。愁悒不寐，目恒鳏鳏然也，故其字从鱼，鱼目恒不闭者也。"刘熙的意思是说鳏鱼的眼睛从来不闭上，因此以之比附无妻的男人。无妻的男人孤独无伴，忧愁郁闷睡不着觉，长夜漫漫，一直睁着眼睛，就像鳏鱼一样。金代诗人元好问有诗："鳏鳏鱼目漫漫夜，盼到明星老却人。"这一意象就来自刘熙的释义。

李时珍则在《本草纲目》中解释说："其性独行，故曰鳏。"意思是说鳏鱼性喜独来独往，因此命名为"鳏"，并进而以之比附无妻独行的男人。

鱼类没有泪腺，不会流泪。以上解释都没有涉及为什么用目中流泪的鳏鱼来组成"鳏"这个字的原因。其实，这应该是出自古人的附会。鳏鱼体型巨大，给古人留下了深刻的印象，因此先用不闭眼和独行这两大特征来比附无妻的男人，再加以艺术性的想象，想象鳏鱼会因不闭眼和独行而流泪，从而比附无妻而深夜流泪的鳏夫。

从"鳏"的字形中可以见出古人造字思维之可爱。不过，"鳏"并不像孟子所言"老而无妻曰鳏"，凡无妻者、丧妻者皆可称"鳏"，与年龄无关。

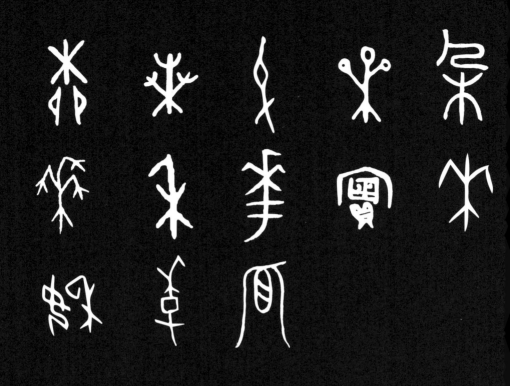

植物篇

柳

枝叶下垂的柳树

> 樱桃樊素口，杨柳小蛮腰
> ——白居易

❶

❷

《诗经·采薇》："昔我往矣，杨柳依依。今我来思，雨雪霏霏。"很多人望文生义，以为杨柳就是杨树和柳树的合称，其实大谬不然。杨树树形高大，枝干挺拔，何来"依依"的娇弱之态？南朝诗人费昶也有诗："杨柳何时归，袅袅复依依。"杨树同样也没有"袅袅"的娇弱之态。

柳，甲骨文字形❶，许慎称之为形声字，但我们看字形，上为"木"，下面倒真像下垂的枝条，只不过有些变形而已。甲骨文字形❷，下垂的枝叶的样子更加形象，因此我认为甲骨文中的"柳"字应该是象形字。金文字形，变成了左右结构。小篆字形❹，真正变成了左形右声的形声字。

《说文解字》："柳，小杨也。"宋代《埤雅》一书说："柔脆易生，与杨同类。纵横颠倒植之皆生。"段玉裁说："杨之细茎小叶者曰柳。"种种说法都是把杨和柳视为两种不同的树种，其实这些都是错误的。《尔雅·释木》："杨，蒲柳。"宋代《广韵》："杨，赤茎柳。"可见最早的时候杨和柳是一个树种，杨是柳的一种——蒲柳，又叫水杨，一入秋就会凋零，故有"蒲

❸ ❹

柳之姿，望秋而落；松柏之质，经霜弥茂"的咏叹。

《战国策》中讲了一个故事："楚有养由基者，善射，去柳叶者百步而射之，百发百中。"后来被总结为成语"百步穿杨"。养由基射的明明是柳叶，为何称为"穿杨"？这就是杨和柳本为同一树种的缘故。唐代还有一个很好玩儿的故事，也能够很好地说明杨柳一体。诗人李泌写诗讽刺杨国忠道："青青东门柳，岁晏复憔悴。"杨国忠拿着诗去向玄宗李隆基告状，玄宗笑着说："赋柳为讥卿，则赋李为讥朕可乎？"杨国忠明明姓杨，玄宗却说"赋柳为讥卿"，同样是杨柳一体的明证。

唐人传奇《炀帝开河记》中描写了一个生动有趣的传说。汴梁（今开封）的大渠修成后，为了避暑，隋炀帝亲自动手，与群臣及百姓将两岸都栽满了垂柳，当时的歌谣唱道："天子先栽，然后百姓栽。"栽毕，隋炀帝御笔写赐垂柳姓杨，曰杨柳也。虽然是民间传说，但也间接证明了杨柳一体。

在古代诗文中，杨柳是常见的意象。李渔在《闲情偶寄》中写道："柳贵于垂，不垂则可无柳；柳条贵长，不长则无袅娜之致，徒垂无益也。"柳、留谐音，因此"柳"常常用来暗喻离别之情；加上柳条最长，因此古人总是折柳而别。白居易《忆江柳》："曾栽杨柳江南岸，一别江南两度春。遥忆青青江岸上，不知攀折是何人。"施肩吾《折杨柳》："伤见路旁杨柳春，一重折尽一重新。今年还折去年处，不送去年离别人。"有唐一代，人们离开长安远去，必在杨柳掩映的霸陵桥作别，因此才有李白的千古名句:"年年柳色,霸陵伤别。"

垂柳依依袅娜,故用"杨柳腰"比喻女子苗条的腰肢。还记得白居易的名句吧?"樱桃樊素口,杨柳小蛮腰。"白居易的歌姬樊素是樱桃小口,另一名歌姬小蛮是杨柳之腰,各擅胜场。因为杨柳的这种特质,古人常常把妓院聚集的地方称作柳市花街或柳巷花街。

《唐人诗意山水册》之一
清代项穆之绘,纸本设色,北京故宫博物院藏

项穆之,一字莘甫,清代上元(今南京)人,擅画山水。《唐人诗意山水册》共十开,皆以唐人诗意入画,淡秀清雅。

此幅画的是醉吟先生《山游示小妓》诗意。"醉吟先生"即白居易。诗云:"双鬟垂未合,三十才过半。本是绮罗人,今为山水伴。春泉共挥弄,好树同攀玩。笑容共底迷,酒思风前乱。红凝舞袖急,黛惨歌声缓。莫唱杨柳枝,无肠与君断。"

蓄妓玩乐,始自东晋,唐代比较普遍。白居易诗中知姓名之妓便有十几个,最出名的自然是小蛮和樊素。这首诗写白居易携一个年方十五岁左右的小妓游玩山水。小妓尚青春,诗人已年老,风情不再,故劝其"莫唱杨柳枝"。画面上小妓着绿衫,背后一株柳树青翠茂盛。小妓抱一束柳枝欲折未折的样子,不知是否小蛮呢?

桑

用手去采摘桑叶

无踰我墙，无折我树桑 ——《诗经》

❶

❷

　　《诗经》中有一首题为《将仲子》的诗篇，是一个女子的自述。这女子和一位名叫仲子的男子相爱，但又畏惧流言蜚语，于是请求仲子不要来打扰她。其中有两句："将仲子兮，无逾我墙，无折我树桑。"仲子啊，请你不要翻过我家的墙，别弄折了我家的桑树。种桑养蚕是古人生活中非常重要的农事活动，在房前屋后大量种植。朱熹曾说："桑、梓二木，古者五亩之宅，树之墙下，以遗子孙给蚕食，具器用者也……桑梓，父母所植。"因此古人就用"桑梓"借指故乡或乡亲父老。

　　桑，甲骨文字形 ❶，这是一个象形字，一棵桑树的样子非常形象。甲骨文字形 ❷，桑树的样子更加美观。字形 ❸ 是西汉瓦当上残存的"桑"字，这块瓦当出土于西安，仅存"监桑"二字，显然是受过阉割之刑的犯人养伤的蚕室遗物。颜师古解释"蚕室"说："凡养蚕者欲其温早成，故为蚕室，畜火以置之。而新腐刑亦有中风之患，须入密室，乃得以全，因呼为蚕室耳。"蚕室，这个优雅浪漫的名字，却被用来安置刚刚被阉割的犯人！小篆字形 ❹，树上的枝叶换成了手的形状，突出了采摘桑叶的意象。

　　《说文解字》:"桑,蚕所食叶木。"种桑养蚕对古人的生活如此之重要,以至于古人把桑树称作神桑。据《山海经》记载,海外极远之处有扶桑树,高两千丈,两两同根相生,互相依倚,故名"扶桑"。太阳在下面的汤谷中沐浴之后,攀着扶桑的树梢冉冉升起,这就是日出之处。

　　古人跟桑树的关系甚至到了依恋的地步,佛教语有"三宿恋"之说,李贤解释道:"言浮屠之人寄桑下者,不经三宿便即移去,示无爱恋之心也。"竟至于用对桑树的爱恋来作譬!龚自珍有词:"空桑三宿犹生恋,何况三年吟绪。""空桑"代指僧人或佛门,有人认为空桑乃是圣山,古籍中常见圣人生于或者活动于空桑的记载,但我认为此处的"空桑"是一个象征,寄于桑树下不经三宿便即离去,以示无爱恋之心,那么即使不在桑树下,心中也应该不存桑树之念,此之谓"空桑"。袁枚有诗:"颇似神仙逢小劫,敢同佛子恋空桑。""小劫"与"空桑"对举,正印证了"空"非实指,乃是象征。

　　春秋时期,卫国的濮水之滨有个地方叫桑间,遍植桑树,青年男女都喜欢来到这里幽会,幽会就少不了歌舞,但是幽会的歌舞怎么可能庄重呢?自然活泼欢快,当然也缠绵暧昧,因此卫国的音乐就被称为"靡靡之音",这就是所谓"桑间濮上之音",历来被视为亡国之音。"桑间濮上"后来又由具体的地名抽象化为男女幽会的场所,甚至用来形容淫靡风气盛行的地方,真是玷污了一个浪漫雅致的好词!

屯

❶ ❷ ❸

种子发芽从地面钻出来

屯，刚柔始交而难生 ——《易经》

"屯"这个字，今天只用于聚集、驻扎、屯田等义项，读作 tún；但它最初的读音却是 zhūn，当作艰难讲。"屯"为什么会具备这样的义项呢？

屯，甲骨文字形 ❶，很明显这是一个象形字，徐中舒先生认为"字形像待放之花苞与叶形"，张舜徽先生则认为中间的圆形像植物的种子，"凡植物播种在地，初吐芽时，其种子必丨（gǔn）出冒而在上，验之豆类，尤为易见。其他草木，靡不皆然"，"屯字即象其屈曲难出之形"。有过种植经验的人应该都见过这样的景象。该字形下面的一横代表地面。甲骨文字形 ❷，大同小异。

屯，金文字形 ❸，种子的圆形部位被填实，下面是张开的叶芽，省去了地面。金文字形 ❹，又添上了地面。金文字形 ❺，变得复杂起来，上面的椭圆形仍然代表种子。不过，白川静先生认为这个字形像"织物边缘的线头扎起的穗状饰物之形"，左民安先生认为"像古代缠线的工具，中间即为线团"，因此"屯"是"纯"字的初文，即丝织品。金文中屡有赐予"玄衣黹屯"的记载，"玄衣"是祭祀时所穿的青黑花纹相间的礼服，"黹（zhǐ）"指刺绣，"黹屯"即绣有花纹的丝衣边缘。这里的"屯"当为借字，因为"春"的甲骨文字形中也出现了"屯"这个字符，正是描述日

光照射、草木发芽生长的情景,因此将"屯"释为种子发芽更有说服力。

屯,小篆字形❻,将代表地面的一横移到了上面。《说文解字》:"屯,难也。象草木之初生,屯然而难。从屮贯一。一,地也。尾曲。"清代学者徐灏进一步解释说:"此篆从屮,曲之以象难生之意。从一,象地。屯之引申为留难之义,又为屯聚屯守之称。"《易经》屯卦中有"屯,刚柔始交而难生"的描述,草木初生,正是"刚柔始交"而艰难生长的生动写照。

"屯"的本义因此是艰难、困顿,比如"屯穷"意为困顿贫穷,"屯蹇"意为不顺利。草木艰难生长是一种迟滞的状态,因此"屯"引申为留难,阻留艰难,阻留于某地则为屯聚,此即《广雅·释诂》的释义:"屯,聚也。"

既然是迟滞状态,既然是阻留,那么"屯"一定只是一种暂时居留的状态,而不可能是长期居留。什么状态是最早的暂时居留呢?毫无疑问就是战争中的军队,因此军队的聚集和驻扎就称作"屯"。战国时期的《商君书·境内》中规定:"五人一屯长。"陈胜和吴广都当过屯长,颜师古解释说:"人所聚曰屯,为其长帅也。"

军队暂时"屯"于某地,让士卒们去垦殖荒地,以补充军粮,这就是中国古代的屯田制度。据《汉书·西域传》载:"自武帝初通西域,置校尉,屯田渠犁。"则这一制度始于汉武帝,最初是军屯;后来又出现了招募无地农民垦荒的民屯;明代时,为筹措西北边防军饷,令盐商向边地纳粮,然后才能发给运盐的凭证,盐商为求便利,就在边地招募农民垦荒,称作商屯或盐屯。

花朵下垂的样子

朵颐进芰实,攫手持蟹螯
——柳宗元

❶　　　　　❷

"朵"是个后起的字,小篆字形❶,这是一个象形字,下面是"木",上面像花朵的形状。《说文解字》:"朵,树木垂朵朵也。"段玉裁解释道:"凡枝叶花实之垂者皆曰朵朵。"既然是花实下垂的形状,那么花儿当然就可以称为"花朵"了。

至于"耳朵"这一称谓,可作两种解释:一是耳垂下坠的形状跟花实下垂的形状相似,"树木垂朵朵"的说法可以径自改为"耳垂朵朵",故称"耳朵";一是花实下垂在树木旁边,因此"朵"字引申出两旁的意思,比如古人将正楼两侧的楼唤作"朵楼",大殿的左右走廊唤作"朵廊",均属这样的用法,耳朵刚好位于头部两旁,故称"耳朵"。

"朵"还可以用作动词,意思是"动"。这是因为花实累累下垂,轻风一吹就会随风拂动。长沙马王堆汉墓出土的帛书中有《黄帝四经》一书,其中《十六经·正乱》一文中写道:"我将观其往事之卒而朵焉,待其来事之遂形而私焉。"这两句话的意思是:我将要考察蚩尤过去的所作所为而采取行动,静待蚩尤将来坏事做尽再配合采取的行动。这里的"朵"就是动词。

❸

❹

最奇特的是,"朵"和"颐"这两个字居然可以结合在一起!比如有"大快朵颐"这个词,意思是大饱口福。

"颐"的古字写作"𦣞",也就是"颐"字的左边一半,金文字形❷,这是一个象形字。段玉裁说:"横视之,则口上口下口中之形俱见矣。"这是咧开嘴笑时下巴的样子,不过画的时候把宽下巴竖起来了,里面的两个黑点代表牙齿。如果说金文字形还不是十分形象的话,那么我们以小篆字形❸,可以看得很清楚:横过来看,上面是嘴巴的形状,下面往下凸起的部分是下巴,因此"颐"的本义就是下巴。

颐,小篆字形❹,右边添加了代表头的"页",变成了一个形声字。

有一个成语叫"颐指气使",意思是:不说话,光用下巴示意对方或下属如何如何做,傲慢的样子多么形象!还有"解颐",意思是开颜欢笑,高兴得下巴都张开了。不过古时候的下巴包括口腔上下两部分,即上颌和下颌,而今天更多的是仅仅指下颌。咀嚼食物的时候,上下颌要共同运动,因此"颐"这个字就跟饮食扯上了关系。《周易》第二十七卦叫"颐"卦,通篇讲的就是饮食营养的养生之道,其中出现了"朵颐"一词:"初九,舍尔灵龟,观我朵颐,凶。"灵龟用于占卜,因此非常珍贵,用来比喻财宝。"朵颐"即鼓动下巴或腮颊咀嚼食物。这一卦是劝谕之辞,意思是:你不爱惜自己最珍贵的东西,反而舍弃自己的财富,艳羡地来看我鼓着腮帮子吃东西,这就十分凶险了!

柳宗元有诗："朵颐进芰实，擢手持蟹螯。"芰（jì）实就是菱角。不张开下巴和嘴巴，菱角怎么能够吃进嘴里？这几乎是量身定做，专门用来解释"朵颐"的一句诗！鼓着腮帮子大嚼特嚼的必定是美食，因此"朵颐"一词又引申为向往、馋羡的意思。明代文学家沈德符在《万历野获编》一书中曾经描述过一个官位空缺的有趣场景："辛丑年，浙江吏部缺出，朵颐者凡数人。"用"朵颐"来形容觊觎官位的猴急模样，实在是太形象了！仅仅"朵颐"还不过瘾，古人又在前面加上了一个程度更深的"大快"，非常快活，那么这顿盛宴一定是大饱口福了！

"颐"跟饮食的养生之道扯上关系之后，又引申出保养的意思，比如颐神（保养精神）、颐年（保养延年）、颐老（养老）、颐养天年。又比如颐和园，就是取"颐养冲和"之意。

枝杈上有几枚圆圆的果子

杀敌为果，致果为毅 ——《左传》

有的学者认为甲骨文中没有"果"字，因此一些通行的甲骨文字典中查不到这个字。但其实是有的，甲骨文字形❶，可以看得很清楚，主干是"木"，枝杈上有三枚圆圆的果子。甲骨文字形❷，果实累累的样子煞是惹人喜爱。金文字形❸，甲骨文字形强调果实多，而金文字形则强调果实大，"木"上只有一个大大的果实，里面的四个黑点表示果实中的籽粒。小篆字形❹，"木"上讹变为"田"，看不出果实的形状了。

不过，即使有所讹变，但许慎还是清楚地知道"果"的本来形状，《说文解字》："果，木实也。从木，象果形，在木之上。"徐锴进一步解释说："树生曰果，故在上也。"古人造字，分类极其精细，长在树上的才能称"果"。为什么这样说呢？我们来看《周礼》的记载。周代有"甸师"一职，职责之一是祭祀的时候"共野果蓏之荐"。郑玄注解说："果，桃李之属；蓏，瓜瓞之属。"大瓜称"瓜"，小瓜称"瓞（dié）"，"蓏（luǒ）"即指瓜类。不过，也有学者认为"木曰果，草曰蓏"，木本植物的果实称"果"，草本植物的果实称"蓏"；还有学者认为"有核曰果，无核曰蓏"。瓜类

❸

❹

既属在地的蔓生植物,又没有核,当然不能称"果"。

白川静先生在《常用字解》一书中写道:"象形,树木结出果实之态,义指树木的果实。花朵绽开凋落后果实结出,所以,成长被喻为'开花结果'的过程。由此,还有为了产生某种结果而'果断'做出决定的用法。"这也是除了果实之外,今天使用最多的义项。

果断、果敢,当然是引申义,那么这个义项是怎么引申而来的呢?《左传·宣公二年》中有一场战争的记事,乃是对古代战争形态的鲜明描述。

公元前607年,郑国和宋国进行了"大棘之战",宋军惨败。不过,战争过程中发生了一件有趣的事:"狂狡辂郑人,郑人入于井,倒戟而出之,获狂狡。"狂狡是宋国大夫,"辂(lù)"指迎上前去。狂狡迎战一位郑国士兵,士兵逃入井中,狂狡倒转戟柄把他救了上来,没想到这位士兵出井之后,趁其不备,反而俘虏了狂狡!

针对狂狡的行为,有君子发表了一段评论:"失礼违命,宜其为禽也。戎,昭果毅以听之之谓礼,杀敌为果,致果为毅。易之,戮也。""禽"通"擒"。孔颖达注解说:"军法以杀敌为上,将军临战,必三令五申之。狂狡失即戎之礼,违元帅之命曲法以拯郑人,宜其为禽也。"这就叫"失礼违命"。狂狡虽然本着人道主义精神做了好事,但却违背了军中之礼,活该被擒。

什么是军中之礼?"杀敌为果,致果为毅"就是。孔颖达继续解释说:"能杀敌人是名为果,言能果敢以除贼;致此果敢乃名为毅,言能强毅以立功。"也就是说,战争的目的、结果是杀死敌人,果断杀死敌人才能称"毅","毅"指强而有决断。狂狡无视"杀敌为果"的原则,毫无决断地拯救敌人,不能称"果毅"。

果断、果敢就是由"杀敌为果"的结果而来,是古人特别强调的军人的素质,后世因此设有果毅都尉、果毅将军之职。

《摘柿子》(柿の実とり)
铃木春信绘·约1767—1768年

　　这是一幅秋意盎然又春意旖旎的锦绘。"春信式"纤柔天真的女孩子爬到同样年轻的男子背上采摘柿子。果实累累的枝条从柴垣内伸出墙外,十分喜人,难怪女孩子急切想要采摘。柿子以橙色和黄色重复刷印,以突出饱满的立体感。少女体态这样轻盈,背负的一方看来一点也不吃力。整个画面色调温暖柔和,富有青春气息。

黍

散穗下垂，已经成熟的黍子

黍曰芗合 ——《礼记》

❶

❷

甲骨卜辞中屡屡出现"受黍年"的记载，这是在占卜这一年的黍子是否丰收，"黍"在古代农作物中的重要性可见一斑。

黍，甲骨文字形❶，一株黍子的形状被描画得栩栩如生。罗振玉先生解释说："黍为散穗，与稻不同。"这个字形上部斜垂的三个三叉之形正是散穗的形象写照，由此也可知这是一株散穗下垂、已经成熟的黍子。

黍，甲骨文字形❷，右边相同，仍然是一株成熟的黍子，左下角非常意外地添加了一个"水"旁。有的学者认为这不是水形，而是脱落的黍子的籽粒，但脱落的籽粒用几个小点示意即可，而这个字形中明明有一个表示弯曲流动的水的 S 形。因此可以确定，这个甲骨文的"黍"的确从"水"。

黍，金文字形❸，左边是"水"，右边是"禾"，干脆将三叉的散穗之形简化为"禾"，虽经简化而更容易书写，但却也失去了黍子的原始形状。

黍，小篆字形❹，变左右结构而为上下结构，上"禾"下"水"的中间添加了一个半圆形。有人认为这个半圆形乃是黍子散穗之形的讹变，也有人认为这个半圆形表

示房屋,在房屋里面用黍子酿酒。

《说文解字》:"黍,禾属而黏者也。以大暑而种,故谓之黍。从禾,雨省声。孔子曰:'黍可为酒,禾入水也。'""黍"本是一个象形字,许慎却把它当成了形声字,进而将小篆字形下面的半圆形和水形看作"雨",表声。这一释义很显然是错误的。

"黍"的本义是有黏性的谷物,去皮后称大黄米。中国社会科学院杨升南教授在《商代经济史》一书中把"黍"分为黏性和不黏性两个变种,他认为从水的"黍"字即是黏性黍,也就是许慎所说的"禾属而黏者",不从水的"黍"字则是不黏性的黍。

按照杨升南教授的观点,孔子所言"黍可为酒,禾入水也"显然是指黏性黍,从水的"黍"字表示用水和黍子酿酒,上述"黍"的小篆字形也有人认为"这个半圆形表示房屋,在房屋里面用黍子酿酒"的看法,即由此生发而来。

用黍子酿成的酒称"黍米酒"或"黍酒"。杨升南教授写道:"凡谷类作物,黏者比不黏者优。黏者种植要细心,而收获量在同一面积的土地上,黏者要低于不黏者。"因此作为粮食的黍子和用黍子酿成的"黍酒"都极为贵重,非贫寒之家所能享用。

《吕氏春秋·审时》篇中有对黍子生长的精细观察:"得时之黍,芒茎而徼下,穗芒以长,抟米而薄糠,舂之易,而食之不噎而香。""徼"

通"穖（xí）"，无枝为穖，"微下"指黍子的根部不分枝杈；"抟（tuán）"，圆；"嚘（yuàn）"，味美。适合农时的黍子，茎部长满细芒，根部不分枝杈，禾穗生满长长的芒刺，黍米圆而壳极薄，舂起来非常容易，吃起来则香而不腻。

  如此美味的食物，一定为贵族阶层所享用，因此，"黍"也作为祭祀宗庙的祭品。《礼记·曲礼下》篇中载："凡祭宗庙之礼……黍曰芗合。"专用于宗庙祭品的黍子称作"芗合"。"芗（xiāng）"专门用来形容谷子的香气。孔颖达注解说："黍曰芗合者，夫谷秫者曰黍，秫既软而相合，气息又香，故曰芗合也。""秫"也指黏性谷物。

❶ ❷

谷穗下垂，已经成熟的谷子

禾，嘉谷也。
——《说文解字》

商代的甲骨文中有大量"受禾"的卜辞，"受"是获得、得到的意思，"受禾"即卜问农作物禾的收成有多少，可见上古时期人们对粮食收成的关心。

禾，甲骨文字形❶，一眼就能够看出这是一株栩栩如生的禾谷的形状。徐中舒先生在《甲骨文字典》中解释说："像禾苗之形，上像禾穗与叶，下像茎与根。"甲骨文字形❷，左边形象地画出了下垂的谷穗。因此，这个字形更准确地说并非"像禾苗之形"，而是像一株已经成熟的谷子之形。金文字形❸，不仅更美观，而且左边谷穗下垂的样子更加栩栩如生，仿佛微风吹过，谷穗犹能轻轻摆动一样。小篆字形❹，紧承甲骨文和金文字形而来，几乎跟我们现在使用的"禾"字没有任何区别。

《说文解字》："禾，嘉谷也。二月始生，八月而孰，得时之中，故谓之禾。禾，木也。木王而生，金王而死。"从上面的字形看得很清楚，"禾"本是一个象形字，许慎却用会意字来加以解说，这是由于许慎没有见过甲骨文的缘故。而且，许慎还继承了汉代的五行学说，用五行相生相克的原理，把"禾"字释义为从"木"，进而附会说："木王而生，金王而死。"

❸

❹

西汉时期，淮南王刘安召集宾客编写的《淮南子》一书，其中《坠形训》篇中写道："木胜土，土胜水，水胜火，火胜金，金胜木，故禾春生秋死。"东汉学者高诱注解说："禾者木，春木王而生，秋金王而死。"意思是春天属木，木为王，秋天属金，金为王，因此"禾春生秋死"。这不过是汉人用五行生克理论来附会解释禾的荣枯而已，许慎正是继承了这一穿凿附会的错误学说。

至于许慎所说的"禾，嘉谷也"，这是因为粮食乃是维系人类生存的根基，因此美其名曰"嘉谷"。

综上所述，"禾"其实有广、狭两层含义。狭义的"禾"专指谷子，我们平时所说的"禾苗"，没有抽穗扬花的叫"苗"，已经抽穗扬花的才叫"禾"，因此，"禾"的甲骨文和金文字形中才会出现下垂的谷穗。谷子的果实叫"粟"，脱壳后才是俗语所称的小米。

秦国丞相吕不韦集合门客编撰的巨著《吕氏春秋》有《审时》一篇，其中有对谷子生长的精细观察："得时之禾，长秱长穗，大本而茎杀，疏機而穗大，其粟圆而薄糠，其米多沃而食之强。"

"得时"指适合农时，这里描述的是正当农时而播种、生长的谷子的状态：谷穗的总梗称"秱（tóng）"，适合农时的谷子，长梗长穗，根大而茎稍小；谷穗中分枝的小穗称"機（jī）"，籽粒就像珠玑互相串连一样，适合农时的谷子，分枝的小穗个个饱满，中间又疏远而有间隙，这样组成的总穗才会庞大；谷子的果实称"粟"，谷壳称"糠"，适合农时的谷子，果实丰满而谷壳极薄；谷子脱壳后称"米"，也就是小米，适合农时的谷子，脱壳后的小米数量多且圆润肥美，可想而知吃下去之后有多么长气力！

广义的"禾"则泛指一切谷类，甲骨卜辞中的"受禾"即为泛指。

《画归余纪典图册》之"麦禾表瑞"
清代董诰绘，纸本设色，北京故宫博物院藏

董诰（1740—1818），字雅伦，浙江富阳人，清代名臣、著名画家董邦达之子。官至军机大臣、东阁大学士、户部尚书等，擢为文华殿大学士。董诰工诗词古文，精书法，善绘画，通晓军事。山水禀承家学，雅秀绝尘，与其父有"大、小董"之称。

《画归余纪典图册》共十二幅，每幅描绘一个前朝掌故。这幅画的是"麦禾表瑞"的故事。宋真宗大中祥符八年（1015）闰六月，眉州、邛州田禾并一茎九穗；宋仁宗皇祐三年（1051）闰六月，资州麦秀两歧。一茎九穗和麦秀两歧都是丰收和祥瑞之兆。画面上田畴间麦浪青青，农人皆为之喜悦不尽，奔走相告。

华

花蒂上开出花儿来

> 桃之夭夭，灼灼其华
> ——《诗经》

汉民族称华夏族，中国又称中华，"华"字如何演变成这样的称谓的呢？

华，金文字形❶，这是一个象形字，可以看得很清楚，上面是花朵的形状，下面是承托的花蒂，花蒂上开出花儿来，因此"华"的本义就是"花"。比如《诗经·桃夭》中的名句"桃之夭夭，灼灼其华"。以前没有造出"花"这个字的时候，人们就用"华"来称呼"花"。"花"是后来才造的字，到了后世，凡是开花的意思都写作"花"，"华"的本义就此泯灭了。金文字形❷，字形区别不大。小篆字形❸，比金文字形画得更像花蒂承托着花朵。楷书繁体字形❹，将花蒂和花朵的形状全都简化成了横竖结构，完全看不出花儿的形状了。简化后的字体跟"花朵"没有任何关系。

《说文解字》："华，荣也。"许慎的这个解释，把同样作为花儿的通称的"荣"字跟"华"字混为一谈了。据《尔雅·释草》："木谓之华，草谓之荣。"这是说木本植物开的花儿叫"华"，草本植物开的花儿叫"荣"。后来"荣"也用作花儿的通称。有个成语叫"华而不实"，是指光开花不结果，比喻那些外表好看，可是虚有其表

却毫无实际内容的人和事物。《论语·子罕》中有句话："苗而不秀者有矣夫；秀而不实者有矣夫！"谷物抽穗扬花叫"秀"。这句话的意思是：庄稼出了苗而不能抽穗扬花，以及抽穗扬花却不结果实这两种情况都存在。"秀而不实"跟"华而不实"意思相近，都是只开花不结果的意思。

"华"是花朵，花朵有各种颜色，于是把黑白相间的头发称作"华发"，老年人白头发最多，又将老年人称作"华首"。花朵颜色艳丽，"华"又引申出华丽的意思，这就跟汉民族自称"华夏"接上了轨。《尚书·武成》："华夏蛮貊，罔不率俾。"率俾（lǜ bǐ）是顺从之意。这句话的意思是说：华夏和四方的蛮貊部落，没有不顺从周武王的。孔颖达如此解释"华夏"的称谓："中国有礼仪之大，故称夏；有服章之美，谓之华。"孔安国也说："冕服华章曰华，大国曰夏。"因此"华夏"就是服饰华美的大国，这是先秦时中原一带国家骄傲的自称，以区别于落后的蛮夷部落，后世演变为中国的别称，"中华"的称谓也由此而来。

我国古代宫殿、陵墓等大型建筑物的前面都有华表，最著名的是天安门前的华表。为什么叫"华表"？很多解释都似是而非。其实原因还是跟"华"的本义有关。花朵颜色艳丽，因此"华"引申出彩色之意，特指彩色或花纹美丽的雕绘或装饰，比如"华轩"是指雕有纹饰的曲栏，"华衮"是王公贵族穿的多彩的礼服，"华幄"是指帝王所居的华丽的帷幄。"华表"上面雕有龙、白鹤和云纹等各种纹饰，因此称"华表"。

实

屋子里面有钱有粮

仓廪实则知礼节 ——《管子》

"仓廪实则知礼节，衣食足则知荣辱。"这是春秋时期齐国著名政治家管仲的名言。"仓廪"是贮藏米谷的粮仓，谷藏曰仓，米藏曰"廪"（lǐn）。仓廪实，恰好是"实"这个字字形的形象写照。

实，金文字形❶，这是一个会意字，上面是屋顶，下面是"贝"，古时以贝为货币，中间是什么东西呢？有人说是储物柜，里面的黑点表示储存的东西；有人说是个"田"字，有贝有田，代表有钱有粮。总之，这个字形会意为家里藏满了钱粮。金文字形❷，屋子里面变成了"贯"字，"贯"是用绳子把钱串起来。小篆字形❸，同于金文字形❷。楷书繁体字形❹，没有任何变化。简体字的下面简化为"头"，完全看不出屋子里面藏钱的形状了。

《说文解字》："实，富也。"这是"实"的引申义，本义应为充满，并由此而引申出诚实、事实、种子等义项；又可以引申为物资、器物，比如古籍中屡屡出现的"军实"一词，指军用器械和粮饷，由此再引申为包括俘虏在内的战果也称"军实"。还有"庭实"，指陈列于朝堂的贡献物品。

最有趣的是"口实"一词,今天都当作借口来讲,但是在古代,这个词有着非常丰富的内涵。

口实,顾名思义,最早的含义应该是口中的食物,语出《周易》中的"颐"卦:"观颐,自求口实。""颐"是下巴,吃饭时下巴要咀嚼,因此引申为保养。此卦的意思是:观察研究养生之道,就要看他吃什么食物,拿什么来养活自己。孔颖达:"求其口中之实也。"高亨:"须自求口中之食物。"《汉官仪》:"口实,膳羞之事也。"都是这个意思。因此"口实"又可以引申为俸禄,《左传·襄公二十五年》:"臣君者,岂为其口实,社稷是养。"即是此意。

"口实"既为口中的食物,那么口中经常议论、诵读的内容也可以称作"口实"。《尚书·仲虺之诰》:"成汤放桀于南巢,惟有惭德。曰:予恐来世以台为口实。"仲虺(huǐ)是成汤的左相,他在这篇诰中说:成汤灭夏,将夏桀流放到南巢这个地方,他思考自己的行为,很惭愧地说:我恐怕后代天天拿我这种行为来议论。孔安国解释道:"恐来世论道我放天子,常不去口。""口实"因此引申为话柄,谈笑的资料。又可引申为借口,杜预解释道:"口实,但有其言而已。"意思是从口中说出来的,只有这些话而已,并没有什么实质性的行动。

除了以上义项之外,"口实"还有一个最具体的含义,即口中所含之物。何休说:"孝子所以实亲口也,缘生以事,死不忍虚其口。"这是古人一项独特的习俗,死者入殓时口中要含着一些东西,所谓"死不忍虚其口"是也。而且这种口含之物,根据地位的高低而不同,据刘向《说苑·修文》一文记载:"口实曰晗""天子晗实以珠,诸侯以玉,大夫以玑,士以贝,庶人以谷实。"珠、玉、玑、贝、谷,等级分明。

《御制耕织图·耕第二十二图·入仓》
清代焦秉贞绘，康熙三十五年（1696）内府刊本，美国国会图书馆藏

　　《耕织图》是中国古代为劝课农桑，采用绘图的形式翔实记录耕作与蚕织过程的系列图谱，原为南宋绍兴年间画家楼璹（shú）所作，得到历代帝王的推崇和嘉许。康熙年间，江南士人进呈楼璹《耕织图诗》，康熙命内廷供奉焦秉贞重绘此册，亲自题序，并为每幅图制诗一章。时著名木刻家朱圭、梅裕凤奉旨镌版印制。《御制耕织图》含二十三幅耕图和二十三幅织图，焦秉贞虽然主要依据楼璹《耕织图》来创作，但每幅都做了调整。画作人物生动，表现力很强。

　　《耕图》系统描绘了粮食生产从浸种到入仓的具体过程。这幅是"入仓"，农人正肩挑背扛，络绎不绝地将收获的粮食纳入官仓，远处有秋林、牛棚。村民脸上都带着欣然之情。画上题诗曰："霜点枫林似火然，千仓满贮赐从天。输官不假征催力，喜值如云大有年。"可以说是来自上位者的一厢情愿了。

❶　　　　　❷　　　❸

一株成熟的麦子

贻我来牟，帝命率育
——《诗经》

　　你来我往，来来去去，"来"字今天只有这一个义项，但是这个字最初被造出来的时候，却完全不是这个意思。而且鲜为人知的是，"来"的造字过程不但极富趣味性和想象力，还和另外一个字发生了永远无法逆转的互换。这是汉语中一个非常有趣的现象。

　　"来"的繁体字是"來"，甲骨文字形❶，很明显这是一个象形字，像一棵小麦的形状，中间是直立的麦秆，上面是左右的麦叶，下面是麦根。甲骨文字形❷，上面的斜撇像成熟后下垂的麦穗。金文字形❹，为了匀整起见，上面的麦穗变成了一横来示意。金文字形❺，这是最有趣的一个字形，下面添加了一只脚，左边添加了表示行走的"彳"。小麦跟行走有什么关系呢？待会儿我们再来分析。小篆字形❻，几乎没有什么变化。

　　《说文解字》："来，周所受瑞麦来麰。一来二缝，象芒束之形。天所来也，故为行来之来。"张舜徽先生认为"一来二缝"应为"一来二锋"，即一麦二穗，"乃麦之嘉种，故许云瑞麦也"。不过许慎所说的"象芒束之形"则是错误的，从甲骨文和金文看得非常清楚，上面不是麦子的芒刺，而是两片麦叶。那么细微

❹

❺

❻

的芒刺怎么可能看得清楚呢!

现在明白了吧？"来"的本义竟然是麦子!《诗经·思文》是一首歌颂周人先祖后稷的诗篇，其中称颂后稷"贻我来牟，帝命率育"，三国学者张揖在《广雅》中说："大麦，䵖也；小麦，䅘也。""䵖"即"牟"，大麦；"䅘"即"来"，小麦。这句诗赞美后稷为周人带来了小麦和大麦，命周人广泛种植，从而为周人的兴起奠定了基础。这也就是许慎所说的"周所受瑞麦来䵖"，并神话化为"天所来也"，上天所赐。

其实，麦子并非上天所赐。麦子原产于西亚，四五千年前自西向东传入中国的西北地区，周人称"贻我来牟"，正是麦子乃外来物种的形象写照，引申之，则正如许慎所说"故为行来之来"。不过，张舜徽先生则认为："西土民食，以黍为主。而来与麦又屡见于殷墟卜辞，则中原之地，原自有麦。周之祖先，盖始得麦种于此，教民播殖。"此言仅指对周人而言麦种乃外来，并没有关联中原地区麦种的来源。

有趣的是"来"和"麦"这两个字永远无法逆转的互换。麦，甲骨文字形❸，这是一个会意字，上面是麦子形状的"来"，下面是一只脚，会意为麦子是从外面引进而来的。这个字形跟"来"的金文字形❺何其相像！因此，清代学者朱骏声说："往来之来正字是麦，菽麦之麦正字是来，三代以还承用互易。""麦"字字形下面的那只脚，正表示往来之来；而"来"字本身就是一株麦苗的象形。这两个字互换之后，沿用两千多年，再也无复各自当初的本义了！

委

女人准备把收割下来的庄稼运走

> 遗人掌邦之委积，以待施惠 ——《周礼》

❶

"委"是个义项繁多的汉字。这个字的下面为什么是一位女人？古人最初在造出这个字的时候，到底反映了日常生活中的什么习俗？我们来看看造字者有趣的思维过程。

委，甲骨文字形❷，很显然这是一个会意字，但会意的是什么意思，却众说纷纭。左民安先生解释道："左边是一棵枯萎了的死禾，顶端弯曲下垂；右边是一个跪于死禾前的女人。所以'委'就是'萎'字的初文。"但是如果要描述禾苗枯萎而死的情状，为什么不直接画出枯萎的禾苗，而偏偏要让一位女人跪在禾苗旁边呢？如果这位女人是在悲泣枯萎的禾苗，未免太小题大做了。

白川静先生则如此解说："'禾'为禾形头巾，乃稻魂（身居稻秧的神灵）之象征。'委'表示头戴禾形巾、扮为稻神、翩翩起舞的女人之姿……女人躬身柔美而舞，故'委'有低委、委从、委托之义。"白川静先生关于汉字的解说，过于将古人的生活同祭祀相联系，虽然"国之大事，在祀与戎"，但"委"的这个字形中，女人明明是跪坐于禾苗之前，并非是"头戴禾形巾、扮为稻神、翩翩起舞"。因此这种解说与字形严重不符。

❷ ❸

我认为应该从古人日常生活的习惯入手来加以解说。遥想远古时期，大丰收的时候，男人负责收割庄稼，女人负责把收割下来的庄稼搬运到一旁堆积起来。"委"的字形中，禾苗低垂着头表示成熟了，女人半跪坐在禾苗旁边，正是要把庄稼运走或者已经运走堆积整齐的形象写照。在大理农村，现在还能看到这样分工合作的生动景象。因此，"委"的甲骨文字形会意为堆积庄稼。

委，甲骨文字形❶，女人和禾苗换了个方向，这是早期文字不成熟的常见现象。小篆字形❸，从左右结构变成了上下结构，以利于竖行书写。

《说文解字》："委，委随也。"徐铉进一步解释说："委，曲也，取其禾谷垂穗。委，曲之貌，故从禾。""委随"是顺从之意，这是引申义，"委"的本义是堆积禾谷。周代有"遗人"一职，据《周礼》载："遗人掌邦之委积，以待施惠。""委积"指储备粮食，"少曰委，多曰积"。这就是"委"的本义。由禾苗成熟之状引申出曲折之意，又由女人将成熟的禾谷搬运到打谷场引申出委托之意，女人将禾谷堆积到打谷场，又可以引申出丢弃之意……凡此种种，都是由"委"的本义引申而来。

有个成语叫"虚与委蛇"，形容敷衍应付，其中的"蛇"读 yí。学者们多认为"委蛇"是联绵词，也可以写作"逶迤"。为《史记》作索隐的司马贞的解释最有趣："委虵谓以面掩地而进，若蛇行也。"苏秦发迹前被人瞧不起，发迹后，"嫂委虵蒲服，以面掩地"。"虵"是"蛇"的俗字。苏秦的嫂子像蛇一样曲折前行的样子真是太形象了！

季

禾穗下垂的幼禾

婉兮娈兮，季女斯饥。——《诗经》

"季"这个字，今天只当作季节讲，但是在古代，这个字的义项要丰富而且有趣得多。"季"字的上面为什么是"禾"呢？又为什么从"禾"从"子"取义呢？

季，甲骨文字形❶，这是一个会意字，上"禾"下"子"。甲骨文字形❷，大同小异，只是"禾"的方向不一样。金文字形❸，禾穗下垂的样子栩栩如生。金文字形❹，下面的"子"形可爱活泼。小篆字形❺，紧承甲骨文和金文字形而来，几乎没有变化。

《说文解字》："季，少称也。从子，从稚省，稚亦声。"许慎的意思是说之所以从"禾"，乃是"稚"的省写，而"稚"是幼禾之义，"季"从此取义，用作"少称"即幼儿的称谓。许慎认为"季"是一个形声字，但其实是一个会意字；而且许慎的解释太过弯弯绕，"季"的字形一望便知——"禾之子"，那不就是幼禾嘛！

今天通称的"禾苗"一词，在古代却大有区别。"禾"是谷类农作物的总称，何休注《春秋公羊传》："生曰苗，秀曰禾。""秀"是抽穗，抽穗之前称"苗"，抽穗之后才能称"禾"。我们看"季"的甲骨文字形，"禾"头部下垂的即是禾穗。金文字形中禾穗下垂的样子尤其形象。

"禾"垂头向"子",是为"季"。《淮南子·缪称训》中记载了孔子的一句话:"夫子见禾之三变也,滔滔然曰:'狐向丘而死,我其首禾乎!'"高诱解释说:"三变,始于粟,粟生于苗,苗成于穗也。"古人相传,狐狸死的时候,头一定要向着藏身的土丘,孔子以此作比,表示自己要以禾为榜样。高诱注:"禾穗垂而向根,君子不忘本也。""季"从禾从子,"禾之子"即禾之本;禾穗垂头而向的,就是抽穗之前的"苗","苗"即是"禾之子"。这才是"季"的造字本义!禾穗下垂的样子一定令古人印象深刻,因此在这个字的造字思维中,饱含着古人对禾的感激之情,以及像孔子一样的感叹。

"季"由此引申为最年幼的、排行最后的。古人关于兄弟姊妹的排行是:伯、仲、叔、季。最小的称"季"。《诗经·采蘋》描述女子出嫁前,采摘浮萍,采集水藻,烹煮,设祭,最后"谁其尸之?有齐季女"。"尸"指代替祖先受祭的活人,这里是指斋戒后的最小的女儿充当"尸"。"季女"即幼女,最小的女儿。

《诗经·候人》的最后四句诗吟咏在外服役的家贫的吏卒思念自己的女儿:"荟兮蔚兮,南山朝隮。婉兮娈兮,季女斯饥。""隮(jī)"是云气上升,"婉娈"是形容女孩子娇美之词。早晨的南山云遮雾罩,我那可爱的小女儿啊,还在忍饥挨饿。真是让人心酸!

每季的最后一个月也称"季",比如季春、季夏、季秋、季冬,由此引申而指春夏秋冬四季。这就是"季"指季节和四季的来龙去脉。

垂下的瓜蔓中间有个瓜

碧玉破瓜时，郎为情颠倒
——孙绰

❶

瓜，金文字形 ❶，这是一个象形字，两边像瓜蔓，中间像果实，藤上结瓜。小篆字形 ❷，接近金文。

朱熹说："大曰瓜，小曰瓞。瓜之近本初生常小，其蔓不绝，至末而后大也。"瓞读作 dié，大的叫瓜，小的叫瓞，因此"瓜瓞"连用比喻子孙繁衍，相继不绝，如《诗经·绵》中的诗句"绵绵瓜瓞"，就是这样的意思。有趣的是，古代官吏任职期满由他人接替称作"瓜代"。这个典故出自《左传·庄公八年》："齐侯使连称、管至父戍葵丘，瓜时而往，曰：'及瓜而代。'期戍，公问不至。请代，弗许。故谋作乱。"齐侯派连称和管至父驻守葵丘，在瓜熟的时节前去，约定明年瓜熟的时节派人来替代他们，但是驻守了整整一年，齐侯却没有派人来替代，于是两人准备作乱谋反。后来"瓜代"就成了接替官职的代名词。

日常俗语有"傻瓜"的称谓，这个字眼儿大家说得实在是太多了，可是却从来没有人较真儿地问一问这个"瓜"是什么"瓜"，到底是黄瓜、西瓜还是哈密瓜？

"傻瓜"的来源跟古代一个非常古老的部族姜戎氏有关。《左传·襄公十四年》记述了范宣子对姜戎氏的

❷

谈话,其中说:"来!姜戎氏!昔秦人追逐乃祖吾离于瓜州。"意思是当初秦人追逐你们的祖先吾离,一直追逐到了瓜州。瓜州在今甘肃敦煌一带。据著名历史学家顾颉刚先生考证,姜戎氏被赶到瓜州后,人们就把聚居在瓜州的姜姓人统称为"瓜子族"。又因为"瓜子族"人秉性忠厚,被人雇用时不懂得偷懒,只会埋头不停干活,勤奋老实,因而被当地人视为"傻子",时间长了,就一概统称为"傻瓜"——意思到底有没有贬损还不定呢。清人黎士宏在《仁恕堂笔记》中记载:"甘州人谓不慧曰'瓜子'。"甘州即今天的甘肃省张掖市一带。至今甘肃、四川两省还把不聪明的人、愚蠢的人称为"瓜子""瓜娃子"。

有个成语叫"瓜田李下"。"瓜田李下,古人所慎",语出《乐府诗集·君子行》:"君子防未然,不处嫌疑间。瓜田不纳履,李下不正冠。"君子要防患于未然,经过瓜田的时候,不要弯下身子提鞋;经过李树下的时候,不要抬手整理帽子。意思是免得主人以为你弯腰偷瓜,伸手摘李子,用这样的举止借以说明做任何事情都要注意避开容易招致嫌疑的地方。

民间俗语中把女子第一次性交破身称作"破瓜",反映了民间文化的粗俗,因为"破瓜"本是一个非常美好的比喻。古人用"破瓜"来指女子十六岁,因为"瓜"字破开是"二八",二八一十六,正好用来比喻女子十六岁的美好年华。"破瓜"一词出自东晋孙绰所作的《碧玉歌》,碧玉是汝南王的爱妾,因为汝南王非常宠爱碧玉,于是作《碧玉歌》,共五首,其中两首中出现了

"破瓜"一词:"碧玉破瓜时,郎为情颠倒。芙蓉陵霜荣,秋容故尚好。""碧玉破瓜时,相为情颠倒。感郎不羞赧,回身就郎抱。""碧玉破瓜时"是指碧玉到了十六岁的时候和汝南王开始了感人的爱情,并最终嫁为人妾。

"破瓜"之所以被后人误解,都是这个"破"字在作祟。其实"破瓜"还写作"分瓜",把"瓜"字分为"二八"。唐人段成式诗:"犹怜最小分瓜日。"李群玉诗:"瓜字初分碧玉年。"都是用的"分瓜"。明清时期,市民文化开始兴盛,"破瓜"一词进入了日常用语,变得粗俗化了。明代通俗作家冯梦龙的著名小说《杜十娘怒沉百宝箱》中,"破瓜"变成了"破身"之意:"那杜十娘自十三岁破瓜,今一十九岁,七年之内,不知历过了多少公子王孙,一个个情迷意荡,破家荡产而不惜。"真是对"破瓜"一词的玷污!

二代喜多川歌麿绘《瓢箪、小鸟、胡蝶》

二代喜多川歌麿，生卒年不详，去世于1831年前后，江户时代后期浮世绘画师。他原是恋川春町的门人，后成为喜多川歌麿的门人。1806年歌麿黯然离世后，他改称为二代歌麿。他的画风与歌麿晚期作品画风非常相似，很多锦绘、肉笔绘作品以"歌麿"落款，让人难以分辨出于谁手。他还以二代春町的名字创作通俗小说作品。

这幅《瓢箪、小鸟、胡蝶》落款"歌麿"，实际是二代歌麿所绘。这是一幅花鸟小品，并非典型的歌麿派画作。画面内容包括一枝开花结果的葫芦藤，一只黄凤蝶和一只红腹雀。瓜藤蜿蜒，富有韵律，鸟、蝶都活泼动感。不知是有意还是无意，这幅画的题材与中国传统的"瓜蝶图"有暗合之处。"瓜蝶图"寓意"瓜瓞绵绵"，含有健康长寿、子孙兴旺的祝愿。

自然篇

黑

人的头脸套了一只脏袋子

> 月黑杀人夜，风高放火天
> ——欧阳修

❶

❷

元怀所著《拊掌录》记载了欧阳修的一则趣事。欧阳修与人行酒令，约定各作诗两句，每句中必须嵌入徒刑以上的罪名。一人曰："持刀哄寡妇，下海劫人船。"欧阳修曰："月黑杀人夜，风高放火天。"这四项都是徒刑以上的罪名。

黑，甲骨文字形❶，这是一个会意字，但是会意的是什么却众说纷纭。谷衍奎在《汉字源流字典》中认为"像人头面上有饰物形"，意思是古人生活环境很差，为避兽害，不仅头上戴有饰物，还将脸面抹黑作为保护色。此说较为牵强，因为这个字形上面的圆形物并不像饰物的形状。我认为下面是人形，人的头上套了一只袋子，头脸都套在袋子里面，自然黑乎乎的什么都看不见，因此会意为"黑"。

再来看看"黑"字的金文字形❷、❸和❹，显然也是一个会意字，但是会意的是什么仍然众说纷纭。谷衍奎认为金文对甲骨文字形加以繁化，"头面上有黑点，身上有饰物"，"后又将一定图案刺在头面上作为同族的标志，后又发展为假面具。所以'黑'的初意应是把头面涂抹得看不清楚"。但是如上所述，饰物的形状并

❸ ❹ ❺

没有说服力。白川静先生则认为下面是"火",上面是装有物品的口袋,"将橐中之物烤焦发黑,或变成黑色粉末,因此有了发黑、黑色之意"。但甲骨文和金文字形的下面明明都是人形,跟"火"的形状相去甚远。因此我认为"黑"的金文字形仍然紧承甲骨文而来:上面还是袋子,只不过袋子很脏,所以添加了很多黑色的粉末或烟灰,在表达"黑乎乎的什么都看不见"的同时,再用身上、头脸上都溅满了黑色粉末或烟灰来进一步加强"黑"的意义表达。

黑,小篆字形 ❺,在金文字形的基础上讹变得非常厉害,下面由人形和黑色粉末、烟灰讹变成了两个"火"的"炎",上面讹变成了屋顶通气孔的形状。因此《说文解字》根据小篆字形解释道:"黑,火所熏之色也。"下面烧火,上面是烟囱,熏得发黑,故会意为黑色。楷体字形除了下面的"火"还存在之外,上面完全看不出造字的本意了。

古时以青、赤、白、黑、黄五种颜色为正色,根据五行学说,"东方谓之青,南方谓之赤,西方谓之白,北方谓之黑,地谓之黄",北方属水,黑色。据《礼记》记载:"夏后氏尚黑,大事敛用昏,戎事乘骊,牲用玄。"夏代崇尚黑色,举办丧事要在晚上,战事要乘黑马,祭祀要用黑色的牲畜。此后历经殷人尚白、周人尚赤之后,秦代又继承了夏代的传统。秦文公有一次出猎,捕获了一条黑龙,认为这是水德之瑞,于是秦始皇将秦朝定为"水德","衣服旄旌节旗皆尚黑"。后来崇尚黑色的习俗才渐渐消退,更多的开始崇尚黄色了。黑色地位的低落大概跟佛教的兴盛有关，佛教把恶业称作"黑业"："黑业者，是不善业果报地狱受苦恼处，是中众生，以大苦恼闷极，故名为黑。"

乌鸦全身黑色，因此也用"乌"来代表黑色。《小尔雅》："纯黑而反哺者，谓之乌。"传说小鸦长大后，会衔食喂养母鸦，此之谓反哺，乌鸦因此被称作"慈乌"。古人还把年轻人叫作"黑头"，因为头发发黑的缘故。司马光写道："黑头强仕之时，已登廊庙；黄发老成之日，还赏林泉。"黑头和黄发，多么鲜明的对比！以"黑头"而居高位者称"黑头公"，晋代的王珣，二十岁时与谢玄一起做桓温的佐吏，二人皆富有才干，桓温如此评价二人："谢掾年四十，必拥旄杖节；王掾当作黑头公。"桓温不愧有知人之明，果然，谢玄不到四十岁就成为东晋名将；而王珣更是年纪轻轻就封侯。正应了吴伟业的这句诗："谈笑阮生青眼客，文章王掾黑头公。"

古代早就有了"黑子"一词，不过最早可不是指太阳黑子，而是指人身上的黑痣，这倒跟"黑"的金文字形中的那些黑点非常相像。据说汉高祖刘邦的长相是："隆准而龙颜，美须髯，左股有七十二黑子。"高鼻梁，高眉骨，美须髯，令人称奇的是左腿上居然还有七十二颗黑痣！且不论七十二颗黑痣如何可能，即使可能，那也类似于一种生理缺陷，搁在成王败寇的胜利者身上，却反而成了生具异相的证据！

赤

人在火上烤得红红的

大人者，不失其赤子之心者也 ——《孟子》

❶

赤就是红色，但为什么指代红色呢？相信很多人都不太清楚。

赤，甲骨文字形 ❶，这是一个会意字，上面是人形（"大"的甲骨文字形就是一个人形），下面是火，人在火上被烤得红红的，因此会意为火的颜色，即红色。金文字形 ❷，接近甲骨文，火的形状更清楚。小篆字形 ❸，人和火的形状仍然看得很清楚。

《说文解字》："赤，南方色也。"古人将青、赤、白、黑、黄五种颜色称为正色。根据五行学说，五种正色又有方位的区别，即东方谓之青，属木；南方谓之赤，属火；西方谓之白，属金；北方谓之黑，属水；天（中央）谓之黄，属土。因此南方之神就是火神，名为赤帝祝融，立夏的时候要在都城的南郊祭祀赤帝，表示炎炎夏日就要来了。

中国有一个著名的别称叫作"赤县神州"，人尽皆知。这个称谓出自《史记·孟子荀卿列传》。司马迁记载了一位叫驺衍的齐国人，他提出一种学说："以为儒者所谓中国者，于天下乃八十一分居其一分耳。中国名曰赤县神州。赤县神州内自有九州，禹之序九州是也，

不得为州数。中国外如赤县神州者九,乃所谓九州也。"驺衍的意思是说,在黄帝之前,天下非常之大,所谓"中国"仅仅占了八十一分之一,这八十一分之一叫作"赤县神州"。"赤县神州"之内又分为九州,即大禹治水后划定的九州:冀州、兖州、青州、徐州、扬州、荆州、豫州、梁州、雍州。这九州仅仅是中国之内的九州,中国之外还有九州,即大九州,即今天的世界范围。

我们一直有一个误解,认为古代的"天下"一词专指中国,因此而猛烈批判古人的"天下观",批判这种认为中国是世界中心的自大心态。其实不然,从驺衍的理论中可看出,古人认为"天下"很大,中国仅仅占据其中的八十一分之一!

"赤县"之名,众说纷纭。一种说法是:《礼记·檀弓上》称周人崇尚赤色,而周天子直接管辖的千里王畿称作"县",故称"赤县"。"神州"之名即出自"大九州",不过大九州说法不一,这里仅介绍《淮南子·坠形训》中的说法:"东南神州曰农土,正南次州曰沃土,西南戎州曰滔土,正西弇州曰并土,正中冀州曰中土,西北台州曰肥土,正北济州曰成土,东北薄州曰隐土,正东阳州曰申土。"取"大九州"起始的"神州"与"赤县"并举,故以"赤县神州"指代中国。

我们形容一个心地纯洁、毫无杂念的人,常常说这个人有"赤子之心";形容那些人在海外却始终心怀祖国的人也常常使用"海外赤子"一词。"赤子"本义指婴儿,孔颖达解释道:"子生赤色,故言赤子。"颜师古解释说:"赤子,言其新生未有眉发,其色赤。"《孟子》说:"大人者,不失其赤子之心者也。""赤子之心"即婴儿之心,婴儿之心当然纯洁无瑕,没有丝毫杂念。这里又引申出忠诚、真纯的意思,比如赤胆忠心。火发出的红光非常明亮,因此段玉裁说:"赤色至明,引申之,凡洞然昭著皆曰赤,如赤体谓不衣也,赤地谓不毛也。"赤条条一丝不挂,裸露也是"赤"的引申义。

《浮世五色合 赤》

歌川国贞绘，1844 年

歌川派是江户时代浮世绘各派中最大派系。歌川国贞（1786—1865），又称三代歌川丰国，是浮世绘艺术发展末期最受欢迎的绘师之一。他出身名门，以艳丽的美人画、生动的歌舞伎演员画著称。凡·高收藏的浮世绘中来自歌川国贞的作品多达 159 幅。

这幅画属于一组描绘五种颜色（"浮世五色合"）的系列作品之一，五色即"青、赤、白、黑、黄"，这幅画的是"赤"色。画面上一个女子正在准备刺身，拿一柄锋利厨刀托起绯红色生鱼片正要放入盘中。上方题满了当时著名的通俗小说家式亭小三马的句子，这些文字都与红色有关。标题底色、女子头饰、红唇、和服衬里、鱼片，这些鲜明的红色调形成呼应。国贞笔下的美人有一种妖艳之感，眉毛上挑，眼珠分明，鼻挺唇红，身姿健壮。这幅作品作为装饰常常出现在当代的和风料理店、寿司店中。

黄

人佩带着环形玉器

> 流黄出而朱草生 ——《淮南子》

❶　　　　❷　　　　❸

辽宁牛梁河遗址近日出土了一位手握双龟的老人的遗骨，有专家称是黄帝的遗骨，证据之一是黄帝之"黄"在甲骨文中即是乌龟的形状。这真是无知者无畏。我们且来看一看"黄"字的原始字形及其演变。

黄，甲骨文字形 ❶，这是一个象形字，至于像什么东西则众说纷纭。有人说像一支射出去的着火的箭，由火光而联想为黄色之意；有人说箭射中了靶心，靶心为了醒目起见，用赤褐色的泥浆涂抹，因而引申为黄色之意；还有人说像佩玉之形，上面是系带，中间是双玉相连，下面是穗子，这种玉后来就叫作"璜"；但是徐中舒先生则认为"像人佩环之形"，中间的圆环形就是佩环，并引《礼记·经解》"行步则有环佩之声"，来证明"此为佩玉有环之证"。徐中舒先生此说最有说服力。

黄，甲骨文字形 ❷，称"黄"乃乌龟之形大概就是从这个字形附会的，但这个字形仍然承甲骨文字形 ❶ 而来，只是形体略加变化而已。金文字形 ❸，早期的金文字形继承了甲骨文的模样，但是晚期的金文字形 ❹ 和 ❺，则区别很大，有学者认为此后的金文系

统明显和佩玉有关,不再像此前的字形争议之大。仔细观察金文字形❹,中间的玉和下面的穗子历历可见,上面是"止",人的脚,佩玉行走,"行步则有环佩之声",果然如此!这个字形最能证实"黄"乃"佩环之形"。金文字形❺,上面编结系带的样子清晰可见。小篆字形❻,同于金文。

《说文解字》:"黄,地之色也。"这是引申义,本义应当是佩璜。根据五行学说,黄为五种正色(青、赤、白、黑、黄)之一,居于中央,因此被古人崇尚,用作皇家的颜色。"璜"这种玉多为黄色,所谓"黄石为璜","黄"因此而引申为黄色。《淮南子·本经训》中记载盛世的若干特征,其中说:"甘露下,竹实满,流黄出而朱草生。"甘露、竹实、流黄、朱草都是祥瑞之物,"流黄"即指褐黄色的玉。

《淮南子·氾论训》中有言:"古之伐国,不杀黄口,不获二毛。"征伐别国,不能杀黄口,不能俘虏二毛。"黄口"指幼儿,雏鸟的嘴巴是黄色的,因此借用来形容幼儿,至今口语中尚有"黄口小儿"的称谓。"二毛"指老人,老人头发斑白,半黑半白,故称"二毛"。根据古人的说法:"人初老则发白,太老则发黄。"因此也用"黄发"来指代老人。《尔雅·释诂》中说:"黄发、齯齿、鲐背、耇老,寿也。""齯(ní)齿"指老年人牙齿落尽后重生的细齿;"鲐"(tái)是鲐鱼,背上有黄色斑纹,老年人背上若生斑,就称"鲐背";"耇"(gǒu)是老年人脸上的寿斑。古人认为这些都是老年人高寿的征象,都是值得祝贺的事情。

雷

闪电和雷声的交响

> 仲春，雷乃发声；仲秋，雷始收声
> ——《礼记》

❶

❷

一个描述自然现象的"雷"字，成为了今天的网络流行语："太雷人了！""雷死人不偿命！"不过，巨大的雷声令人恐惧，同时也令人全身发麻，倒是跟"雷人"的情景十分相似。

雷，甲骨文字形❶，这是一个象形字，中间像弯弯曲曲的闪电，两边的圆圈表示打雷的声音，整个字形像闪电和雷声的交响。金文字形❷，中间还是闪电的形状，上下左右四个"田"字还是打雷的声音，很像我们在电影中看到的地雷的形状。之所以把表示雷声的小圆圈改为"田"字形，是因为刀刻不便，因此改圆为方形。金文字形❸，在上面添加了一个"雨"字，变成了一个会意字，会意为雷雨交加。小篆字形❹，把闪电去掉了。

《说文解字》："雷，阴阳薄动，生物者也。"《春秋·玄命苞》："阴阳合为雷。"《白虎通》："雷者，阴中之阳也。"《淮南子·坠形训》："阴阳相搏为雷。"以上解释都是从阴阳观念入手作出的，倒不如《礼记·月令》朴素的从自然现象入手的解释："仲春，……雷乃发声；仲秋，……雷始收声。"

有趣的是，古人对打雷的声音能够传出多远有自

❸

❹

己独特的界定。东汉章帝时,由于地方经费不足,有大臣向皇帝建议对食盐等日用品实行专卖制度,遭到尚书仆射朱晖的坚决反对,认为这是与民争利。汉章帝非常生气,朱晖却对众大臣说:"如果明明知道不能实行这项政策还'顺旨雷同',有负臣子的职责。"在朱晖的坚持下,这一政策最终没有实行。李贤解释"顺旨雷同"说:"打雷的时候,雷声能够震惊百里,而百里称'同',故称'雷同'。""同"是古代土地的面积单位,方圆百里为"同"。《左传·襄公二十五年》:"天子之地一圻,列国一同。"方圆千里称"圻(qí)",天子直接管辖的地盘是方圆千里,诸侯直接管辖的地盘方圆百里。后来就把随声附和或者观点与人相同叫作"雷同"。

在民间,对一个人恨到了极点,常常诅咒他出门遭"天打五雷轰";形容一个人遭到了巨大的打击,是"五雷轰顶"。"五雷"到底是真的有五种雷还是被雷轰五次?《太平广记》从《神仙感遇传》中辑录了一则叫《叶迁韶》的故事。唐代有一个叫叶迁韶的人,幼年有一次在野外放牧,遇大雨便在大树下避雨,刚好这棵树被雷劈了,不过被雷劈开的地方随即又愈合了起来,无巧不巧,将雷公夹在了树中间。雷公伸胳膊蹬腿,吹胡子瞪眼,丑态出尽也出不来。叶迁韶拿了一块石头劈开树干,雷公这才脱身,临走前向叶迁韶千恩万谢,并约定过几天再在这棵树下见面。

到了那一天,雷公拿出一卷墨篆送给叶迁韶,说:"你按照墨篆中的办法可以致雷雨,祛疾苦,立功救人。我共有兄弟五人,你需要雷的时候,只需呼唤一声雷大雷二，我们立马就会赶来打雷。不过雷五性格暴躁，没有什么危急的事情轻易不要叫他。"

从此之后，叶迁韶行符致雨，做了很多好事。有一次叶迁韶在吉州市喝得大醉，太守抓住了他，准备打他的屁股。叶迁韶大呼雷五，此时郡中正当大旱，只听霹雳一声，震耳欲聋，果然是雷五赶来，连续下了两天两夜的大雨，解除了旱情。叶迁韶就这样在江浙间周游，后来他的法术传了下来，被称为"五雷法"。

这就是"五雷"一词的来历，原是指的雷公兄弟五人。后来"五雷法"成为道教的一种修炼方法，"五雷"更进一步被理论化为金木水火土的五行之雷：东方木雷，南方火雷，西方山雷，北方水雷，中央土雷。

《雷》铃木春信绘·1766年

  这原也是一幅"绘历",画中人物衣服的花纹中隐藏着表示大月的数字。大约是一个夏天的傍晚,室内已支起暗绿蚊帐。女子似是沐浴更衣后,正打算就寝,又像是在等待约好来访的情人。此时外面忽然雷声隐隐。女子举起纤细的双手掩向耳朵,露出轻微的惧怕神情。她的身形体态显得非常柔弱,是一个典型的"春信式"美人。

  一说,画中女子是听到远处仿佛传来情人的脚步声,故而将两手拢向耳后,朝声音来处扭过去,想听得更清楚些。构图简洁、刻画微妙的作品,往往经得起多种诠释。

165

从天上降下密集的雨水

故人何许？浑忘了、江南旧雨。
——张炎

❶　　　　　❷

"雨"字最初读作四声"yù",作动词用,甲骨文字形❶,这是一个象形字,最上面的一横代表天空,从天空降下六滴雨水。甲骨文字形❷,雨下得很"瘦"。金文字形❸,雨水显得更加密集。小篆字形❹,许慎称上面的"一"代表天空,下面的短横代表雨水,中间是覆盖的云层,"水零其间也",但甲骨文和金文字形中都看不到云层的样子。

《说文解字》:"雨,水从云下也。"《周易·小畜》:"密云不雨,自我西郊。"云层厚密却不下雨,可见"雨"字最早作动词用,跟"水从云下也"的用法一样。《淮南子·本经训》中有关于汉字造字最原始的记载:"昔者仓颉作书,而天雨粟,鬼夜哭。"这里的"雨"也是动词,下雨的意思。东汉学者高诱解释为什么会"天雨粟":"仓颉始视鸟迹之文造书契,则诈伪萌生,诈伪萌生则去本趋末,弃耕作之业而务锥刀之利。天知其将饿,故为雨粟。"意思是说人一识字就会变得狡诈起来,不愿意再从事辛苦的农耕,而去追逐微不足道的利益,上天先"雨粟",预示着天下人将要挨饿了。他接着解释为什么又会"鬼夜哭":"鬼恐为书文所劾,故夜哭也。"

意思是人类有了书写工具，就可以把鬼的罪状披露揭发给上天，因此鬼日夜号哭。

"雨"从下雨的本义引申为名词，读作"yǔ"，一直到今天都是这个读音，四声的读音在日常生活中被彻底废弃了，但其实有些读音是错误的，比如二十四节气的雨水、谷雨的"雨"都应该读作四声，当动词用。

有一句很雅的俗语叫"旧雨新知"，"旧雨"指老朋友，"新知"指新朋友。"新知"容易理解，"旧雨"是什么意思呢？老朋友跟下雨有什么关系呢？

这个典故出自杜甫。杜甫四十岁前后，过的是"朝扣富儿门，暮随肥马尘，残杯与冷炙，到处潜悲辛"的生活。先是到长安应试，落第，然后向贵人投赠，最后才得到一个看守兵器库的小官儿。四十岁这一年，杜甫向唐玄宗献上了《三大礼赋》，得到唐玄宗的赏识，一些趋炎附势之辈认为杜甫前途不可限量，纷纷登门巴结，一时间门庭喧嚣。到了秋天，还是没有杜甫即将做官的消息，杜甫又得了疟疾，卧病在床，贫病交加。秋雨绵绵，过去那些巴结他的"老朋友"再也不登门了，以至门可罗雀。这时，一位姓魏的进士冒雨前来探望杜甫的病情，并告诉杜甫自己即将出外做官，特意来辞行。客人走了之后，杜甫思前想后，非常感动，于是写了一篇《秋述》，讽刺人情冷暖，世态炎凉，又悲叹自己怀才不遇。在此文开头，杜甫写道："秋，杜子卧病长安旅次，多雨生鱼，青苔及榻。常时车马之客，旧雨来,今雨不来……"意思是说过去下雨的时候那些老朋友也来探望我,而今遇雨却都不来了。这是一句多么沉痛的话啊!

从此之后,"旧雨"就成为老朋友的代称,"今雨"或者"新雨"成为新朋友的代称,如宋人张炎《长亭怨》:"故人何许?浑忘了、江南旧雨。"

声

耳朵听到了击打磬的声音

放郑声，远佞人；郑声淫，佞人殆
——《论语》

❶

❷

声，甲骨文字形❶，这是一个会意字：左下是"磬"的形状，磬（qìng）是一种乐器，用石头或玉制成，悬挂在架子上，击打使之发出乐声；左上是绳结，把磬系着悬挂起来；右边是一只大大的耳朵。整个字形会意为：耳朵听到了击打磬的声音。甲骨文字形❷，更加复杂化。据左民安先生解释："是由五个部分拼合组成的一个字，左上部是'磬'的形状，右边是一只手拿着一个敲打磬的小槌，中间有'耳'和'口'，表示'话音入耳'就是'声'。整个'声'字，就是敲打石磬、传声入耳的意思。"解释得很清楚。

声，小篆字形❸，五个组成部分唯独少了一个"口"，这就变成了一个形声字，正如许慎所说："从耳殸声。""殸"是"磬"的古字。楷书繁体字形❹，跟小篆相比，几乎没有任何变化。简化后的字体，各个组成部分仅剩下了用绳结系起来的磬，而且还变形得非常厉害，完全看不出造字的原意了。

《说文解字》："声，音也。"不过在古人看来，声、音、乐三者区别甚大，《礼记·乐记》中说："凡音之起，由人心生也。人心之动，物使之然也。感于物而动，

❸

❹

故形于声。声相应，故生变；变成方，谓之音。比音而乐之，及干戚羽旄，谓之乐。"简单而言，声是感于物发出的声音，音是咏唱而成的歌曲，乐是加入乐器伴奏演唱的乐曲。因此，《乐记》接着说："知声而不知音者，禽兽是也；知音而不知乐者，众庶是也。唯君子为能知乐。是故，审声以知音，审音以知乐，审乐以知政，而治道备矣。"意思是说，最终形成的"乐"是伦理之道，又是治理政事之道，因此必须由声知音，由音知乐，这样才能达到"德"的高度。

古人把音乐分为五声，即宫、商、角（jué）、徵（zhǐ）、羽，分别相当于现在简谱中的1、2、3、5、6。这五声被古人称作正声，即纯正的乐声；与正声相反的称作淫声，指淫邪的乐声。春秋战国时期，郑国的溱（zhēn）水和洧（wěi）水之上，青年男女在此聚会，举行歌咏比赛，互诉爱情，这种俗乐不符合孔子提倡的雅乐，因此被称为"郑声"。孔子曾经评价道："放郑声，远佞人。郑声淫，佞人殆。"把郑声跟佞人相提并论，可见对郑声的厌恶之情，郑声因此被称为乱世之音。卫国的音乐也是淫声，卫国的濮水之上有个叫桑间的地方，同样是青年男女聚会歌咏之地，因此也被斥为淫声，并且还诞生了一个成语"桑间濮上"，以指代男女幽会的地方，桑间濮上之音被称作亡国之音。

《周礼》中规定："凡建国，禁其淫声、过声、凶声、慢声。"淫声如上所述；过声指悲哀和欢乐失之过分的音乐；凶声指亡国之声，如桑间濮上之音；慢声指惰慢不恭的音乐。这四类音乐都是严格禁止的。

在中医中，五声还被用来诊察病情，即呼、笑、歌、哭（悲）、呻。古人还把这五声与五行对应起来："木在藏为肝，在音为角，在声为呼；火在藏为心，在音为徵，在声为笑；土在藏为脾，在音为宫，在声为歌；金在藏为肺，在音为商，在声为哭；水在藏为肾，在音为羽，在声为呻。"在中医看来，这五声都能够显示病人的病情。

汤

太阳照耀的天然温泉

温液汤泉，黑丹石缁
——张衡

❶

❷

"汤"在今天中国人的日常生活中，都当饮食讲，比如菜汤、煲汤等，不过日本文化仍然承继了"汤"的本义"温泉"，而且直到今天还把公共浴池称作"汤屋"。

汤，金文字形 ❶，这是一个会意字，左边是流动的泉水，右边是"昜"，"昜"是"阳"的古字，即太阳，表示经由太阳照耀而来的天然的温热。因此这个字形就会意为天然的温泉。古代传说中的日出之地就名为"汤谷"，可见太阳和"汤"的关系。金文字形 ❷，右边的太阳还发出了光芒，进一步突出了被太阳照耀而变得温热的含义。小篆字形 ❸，楷书繁体字形 ❹，都和金文没有任何区别。简化后的简体字将右边的"昜"加以简化，完全看不出太阳照耀的原始含义了。

《说文解字》："汤，热水也。"这其实是引申义，是从温泉的本义引申而来。古时把温泉称作汤井、汤泉、温液，张衡《东京赋》中有云："温液汤泉，黑丹石缁。""温液""汤泉"都是形容温泉，"黑丹"指黑色丹砂，"石缁（zī）"指黑色石头，都是祥瑞之物。

"汤"由本义引申为热水，尤其是指滚烫的热水或者开水，这跟太阳照耀的意象相关。孔子曾经有过这样的名言："见善如不及，见不善如探汤。"看到善，

汤
❸ ❹

就要担心自己赶不上它；看到不善，就要像把手伸到滚烫的开水中一样赶紧躲开。可见这"汤"的温度之高。

有一个常用的成语"固若金汤"，从中更可见"汤"的滚烫之意。这个成语比喻坚固的防御工事，但是"金汤"是什么东西，为什么可以比喻坚固呢？原来，"金汤"是"金城汤池"的缩略语。金属铸就的城墙当然坚固无比，是为"金城"；"汤池"是灌满了滚水的护城河。无水的护城河叫"隍"，有水的护城河叫"池"。《汉书·食货志》中说："神农之教曰：'有石城十仞，汤池百步，带甲百万，而亡粟，弗能守也。'"班固借用神农氏之口说：即使有高达十仞（八十尺）的石头城墙，百步那么广的"汤池"，百万带甲的兵士，可是如果没有粮食的话，这座城最终还是不可能守得住的。

《礼记·王制》中有这样的规定："方伯为朝天子，皆有汤沐之邑于天子之县内。""方伯"指一方诸侯之长。按照夏代的规制，王城周围千里的地域称为"王畿"，四海之内分为九州，其一为畿内，由天子亲自管辖，"王畿"和"畿内"又称作"县"，此之谓"天子之县"。方伯朝见天子的时候，要在"天子之县"的范围之内，设置供住宿和汤沐的场所，郑玄解释"汤沐"之礼："给斋戒自洁清之用。浴用汤，沐用潘。"这是因为朝见天子事先要斋戒，还要沐浴，以示洁净。有趣的是，洗身体的"浴"要用"汤"，即热水；洗头的"沐"要用"潘"，即米汁。后来又把国君、皇后、公主等皇室成员收取赋税的私邑也称作"汤沐邑"。

星

众多的星星闪闪发光

昨夜星辰昨夜风，画楼西畔桂堂东
——李商隐

❶

❷

人们常常习惯说"日月星辰"，比如李商隐的诗："昨夜星辰昨夜风，画楼西畔桂堂东。"其实"星辰"在古人的用法中是有很大的区别的。"星"是统称，如果细分的话，金、木、水、火、土五大行星才能称为"星"，"辰"是指二十八宿；又有"三辰"之说，日、月、星合称"三辰"。不清楚这些区分，有时候是读不懂古籍的。

星，甲骨文字形❶，两侧的两个小圆圈代表星星，中间是"生"，草木滋长的样子。关于这个字形是象形字还是形声字，说法不一。认为是形声字的学者说，中间的"生"即是声符；认为是象形字的学者说，两侧的两个小圆圈代表"日"，日为阳精，阳气之精华，阳精分而为星，因此这个字形表示"日生为星"。甲骨文字形❷，星星共有五个。金文字形❸，上部变为"晶"，但此字中的"日"不是指太阳，而是指星星，"晶"就是"星"的象形，意为众多的星星闪闪发光。小篆字形❹，同于金文字形。楷体字形是去掉两个"日"的省写。

《说文解字》："星，万物之精，上为列星。""列星"即排列在天空中定时出现的恒星。古人将恒星视作万物之精华，固定罗列于天空之上。因为星辰众多，所

❸

❹

以引申为许多点状物都称作"星",比如定盘星、准星、一星半点、五星上将,妇女装饰面颊的美容花点也称作"星"。白发在黑发中很醒目,就像星星在黑暗的天空中闪闪发光,因此又可引申为鬓发斑白,蒋捷《虞美人》词:"而今听雨僧庐下,鬓已星星也。"夜空中的星星非常明亮,因此,又将女人明亮的眼睛比喻作"星眼","笑开星眼,花媚玉颜",这是多么美丽的意象啊!

秉承阴阳观念,古人将星星分为吉星和凶星。恒星当然属于吉星,而彗星一类不固定的星星就属于凶星,又称孽星、妖星、变星。明代人认为福、禄、寿三福神属于吉祥之星,称作"三星",大学士李东阳有《三星图歌寿致马太守》:"福星雍容丰且都,翩然骑鹤乘紫虚。禄星高冠盛华裾,浮云为驭鸾为车。寿星古貌长骨颅,渥丹为颜雪鬓须。"

星辰虽然众多,但还有许许多多不明亮的无名小星,古人于是把"小星"作为妾的代称。这一称谓出自《诗经·小星》:"嘒彼小星,三五在东。""嘒"(huì)指星光微弱。《毛诗序》如此解说:"《小星》,惠及下也。夫人无妒忌之行,惠及贱妾,进御于君,知其命有贵贱,能尽其心矣。"这是政治挂帅的解释,真实情况是妾因为身份低贱,不敢跟主人同床一夜,见星而往,见星而还,免得正房妒忌。《金瓶梅》中西门庆的正妻名叫吴月娘,恰恰暗示别的妾都是"小星"而已。

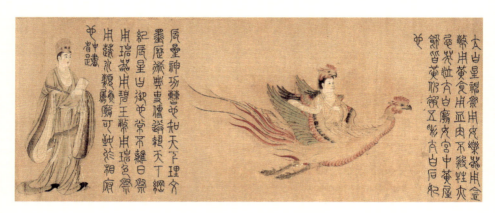

《五星二十八宿神形图》（局部）
（传）唐代梁令瓒绘，日本大阪市立美术馆藏

梁令瓒，蜀人，唐代画家、天文仪器制造家，工篆书，擅画人物。官率府兵曹参军。开元九年（721），唐玄宗命僧一行改造新历（大衍历），梁令瓒负责创制黄道游仪木样，后又与一行创制浑天铜仪。

《五星二十八宿神形图》原分上下两卷，描绘五星（岁星、荧惑、镇星、太白、辰星）及二十八星宿对应的人物神怪图像。每星宿一图，或人或兽，或人身兽首，每图前有篆书说明。今仅存上卷的五星和"角"至"危"十二宿。第一幅是岁星，即木星，"豪侠势利"；第二幅是荧惑星，即火星，因其时明时暗，行踪不定，故名"荧惑"，形象是"娇暴公子"；第三幅是镇星，即土星，是"以黑烟雾为宫"的"御史"；第四幅是太白星，即金星，形象为神妃；第五幅是辰星，即水星，乃一博学"功曹"。此卷设色古艳，人物似吴道子风格。经考证图中人物造型及其法器都属佛教密宗。

光 一个人执烛照明

百两彭彭，八鸾锵锵，不显其光
——《诗经》

❶　　　　❷　　　　❸

《诗经·韩奕》是一首描述韩侯受封入觐、迎亲、归国的诗篇，其中吟咏韩侯迎亲的盛大仪仗："百两彭彭，八鸾锵锵，不显其光。"百两，一百辆车，特指结婚时所用的车辆；彭彭，盛多貌；八鸾，挂在马衔上的八个鸾铃，每辆车四马八鸾；锵锵，鸾铃清越的鸣声；"不"通"丕"，大，"不显其光"即大大地显露韩侯的荣耀。此处的"光"当荣耀讲，这当然是引申义，那么，"光"的本义到底是什么呢？

光，甲骨文字形 ❶，这是一个会意字，下面是一个面朝右、屈膝跪坐着的人，上面是"火"。甲骨文字形 ❷，此人面向左跪坐，头顶是熊熊燃烧的火焰。金文字形 ❸ 和 ❹，头上的火焰加以简化，但火焰燃烧之状仍栩栩如生。金文字形 ❺，火焰下面很明显是一个女人。小篆字形 ❻，下面不大看得出人形了，讹变为"儿"。

《说文解字》："光，明也。从火在人上，光明意也。""光"这个"从火在人上"的字形引发了很多争议：有人认为这是一种刑罚，用火来烧跪着的犯人的头发；有人认为跪着的是男奴或女奴，将可燃物放进火盆之类的器物中，然后置于男奴或女奴的头顶来照明；白川静

❹　❺　❻

先生认为上面的火焰乃是火种,下面跪着的人是守护火种的神职者,因此"光"本指护火的圣职者。这些解释都是不了解古人如何照明的方法所致。

徐灏早就说过:"光从人持火。"这个"火"即古人照明所用的"烛",但不是今天的蜡烛。郑玄注《仪礼·士丧礼》:"火在地曰燎,执之曰烛。""燎"即"庭燎",以芦苇为干,用布缠裹,再用油脂浇灌;将"庭燎"举起来就叫"烛"。因此古时的"烛"其实就是火炬。

《礼记·少仪》中有"执烛抱燋"之句,尚未燃着的火炬称"燋(qiáo)"。何谓"执烛抱燋"? 尚秉和先生说:"薪之燃甚速,故亲执其既燃者,复抱未燃者,以待续爇。"燃火曰"爇(ruò)"。古时饮宴,有专门负责执烛的人,不仅要坐在屋角,而且不参与辞让或作歌,怕的是不专心而引起火灾。

《管子·弟子职》:"昏将举火,执烛隅坐。"《礼记·檀弓上》:"曾子寝疾,病……童子隅坐而执烛。"前者是弟子执烛坐在屋角,后者是童子执烛坐在屋角。可见"光从人持火"的意思就是"执烛隅坐",并非是刑罚,也并不一定非要使用男奴或女奴,更非守护火种。魏晋之前,古人皆席地而坐,坐姿乃为跪坐,"光"字形下面的人正是跪坐之姿。

林义光说得很清楚:"古者执烛以人,从人持火。"张舜徽先生也说:"凡以火照物者,恒伸手高举其火。光字从火在儿上,谓火光高出头上,非谓人头之上有火也。"这就是"光"字"从火在人上"的本义,极其形象地反映了古人执烛照明的情景。

《秉烛夜游》

南宋马麟绘,绢本设色,台北"故宫博物院"藏

马麟(约1180—1256后),祖籍河中(今山西永济),后迁居浙江钱塘。宫廷画家马远之子。马麟画承家学,擅画人物、山水、花鸟,用笔圆劲,轩昂洒落,画风秀润处过于乃父,颇得宋宁宗赵扩、皇后杨氏称赏。

《秉烛夜游》是一幅团扇画,取材于苏东坡《海棠》诗:"东风袅袅泛崇光,香雾霏霏月转廊。只恐夜深花睡去,故烧高烛照红妆。"画面上是夜色掩映的深堂廊庑,昏暗中庭院烛光高照,映出园中盛开的海棠。一士人据太师椅当门而坐,细细品味这良夜花光。马麟以工致细腻的手法,表现园苑亭廊的布局之美,及夜色、烛光、花雾的深浅浓淡,虽尺幅之地,却觉兴味幽深。

水

流水和溅出的水滴

> 以鉴取明水于月 ——《周礼》

❶

❷

　　徐中舒先生在《甲骨文字典》中说："甲骨文水字繁省不一。"这是因为流水变化无方，古人描摹水形的时候也就纵横恣肆，反正只要能够画出流水的模样就行了。因此，本文所列举的"水"字仅仅是甲骨文中的一小部分。

　　水，甲骨文字形❶，可以看得很清楚，中间是一道水流，两旁是水滴之形。白川静先生在《常用字解》一书中则认为："中间为主流，两旁为细流。"甲骨文字形❷，中间又添加了一道水流。金文字形❸，小篆字形❹，都大同小异。

　　《说文解字》："水，准也。北方之行。象众水并流，中有微阳之气也。"王襄先生在《古文流变臆说》中就此辨析道："水之中尽为流水之象，两旁短画为断续之支流或其波澜。契文之水之偏旁有作水流曲线及数点短画诸形……许氏微阳之说，杂用五行家言，未足以说字。"

　　张舜徽先生在《说文解字约注》一书中也批驳说："水乃纯象形字，横看自见。许必附会阴阳五行之说，最是一病，学者不必为其所惑也。万物以水为最平，故《管子·水地篇》云：'水者，万物之准也。'是已。今上海人读水如矢，亦取平义。"

❸

❹

水是人类最基本的生活必需品,因此古人把水称作"上水",意即第一位的饮品。据《周礼》记载,周代有"浆人"一职,职责之一是"掌共王之六饮,水、浆、醴、凉、医、酏,入于酒府"。

这是周天子的六种日常饮料。第一种就是水;第二种是浆,指酢(cù)浆,一种含有酸味的饮料,也有人说是"水米汁相将"的米汤;第三种是"醴(lǐ)",即甜酒;第四种是"凉",指薄酒,也有人说是将米、麦炒熟后捣成粉末,用凉水搅拌做成的薄粥;第五种是医,指梅浆,梅子的浆汁,也就是今天常喝的酸梅汤,也有人说是用粥加曲蘖酿成的甜酒;第六种是酏(yǐ),指很清的稀粥,也有人说是将麦芽糖溶于水制成的甜饮。此"六饮"又称"六清",因为这六种饮料的共同特点都是味道清淡。

除了饮用之外,水还用以祭祀,称作"玄酒",这是因为水深则色黑的缘故;又称"清涤",取其清澈皎洁之意。

据《周礼》记载,周代有"司烜氏"一职,"烜(xuǎn)"是火盛之貌,因此司烜氏的职责就是掌管火禁之事,同时"掌以夫遂取明火于日,以鉴取明水于月,以共祭祀之明齍、明烛,共明水"。"遂"通"燧",指铜制的阳燧,向日取火;"鉴"是青铜所制的大盆,所谓"取明水于月",其实指的就是露水,《史记·扁鹊仓公列传》中称为"上池之水";"齍"通"粢(zī)",泛指谷物。明火、明水、明粢、明烛之所以都有一个"明"字,是指取日月阴阳之洁气,专供祭祀。

❶ ❷ ❸

火

地面上三股火焰上腾，进出火星

四时变国火，以救时疾 ——《周礼》

"火"，这么简单的一个字，有趣在什么地方呢？

火，甲骨文字形❶，很显然这是一个象形字，像地面上三股火焰上腾之状。甲骨文字形❷，大同小异。甲骨文字形❸，一股火焰旁边迸射出火星。值得注意的是"火"和"山"的区别，正如徐中舒先生所说："甲骨文中火字与山字形近易混，当据具体辞例辨别之。"

火，金文中尚未发现独体字，金文字形❹是金文"炎"字的偏旁，晚清学者林义光在《文源》中形容为"光焰迸射之形"。小篆字形❺，彻底与"山"字区别开来。白川静先生就此解说道："古字原为火苗的整体之形，今字'火'为火苗之上火星飞散之形。"张舜徽先生则观察得更加仔细，他说"火"的甲骨文字形和金文的偏旁"皆半圜形，像火之上锐下阔，旁有火星迸出也"。《周礼·考工记》载"火以圜"，郑玄解释说："为圜形似火也。"自篆体之后，"而圜形不可见矣"。

《说文解字》："火，燬也。南方之行。炎而上。"汉代盛行五行学说，因此将"火"释为"南方之行"不过是对阴阳家言的附会。至于说"火，燬也"，刘熙在《释名·释天》中解释得很清楚："火，化也，消化物也。亦言毁也，物入中皆毁坏也。"

❸

❹

❺

《论语·阳货》篇中，宰我对孔子建议，希望缩短为父母守三年之丧的规定时说："旧谷既没，新谷既升，钻燧改火，期可已矣。"同旧谷、新谷一样，"钻燧改火"也是表示时间的变迁。但什么叫"改火"呢？"燧"即木燧，古人出门要随身携带，以便钻木取火。不过古时所钻之木，要随着四季的变更而换用不同的木材，这叫"改火"或"改木"。东汉学者马融解释说："春取榆柳之火，夏取枣杏之火，季夏取桑柘之火，秋取柞楢之火，冬取槐檀之火。一年之中，钻火各异木，故曰改火也。"

为什么要"改火"呢？《周礼》中有司爟（guàn）一职，"掌行火之政令，四时变国火，以救时疾"。贾公彦注解道："火虽是一，四时以木为变，所以禳去时气之疾也。"禳（ráng），去除。之所以换用不同的木材，是为了去除时疾，比如春天用榆木和柳木，夏天再用就会有毒，因此要换用适合夏日所用的枣木和杏木。

《木兰辞》中写道，木兰打完仗回到家，恢复了女儿身的装扮之后，"出门看火伴，火伴皆惊忙"。按照北魏兵制，士兵十人为一"火"，十人共用一个灶吃饭，灶要生火煮饭，十人同"火"而食，故称"火伴"。唐代沿用了这一建制，据《新唐书·兵志》载："十人为火，火有长。"可见"火伴"本来是一个军事术语，后来词义从同灶吃饭的士兵扩展成了同伴的称谓，"火"字也添加了一个单人旁，写成"伙伴"了。"伙食""伙房""伙夫""同伙"的称谓也是由此而来。

《田园旅人　堤上借火》
(田園の旅人 堤上の煙草のもらい火)
铃木春信绘，约1767—1768年

日本江户时代，无论男女都喜欢用细长的烟管吸烟。和这种烟管相配的是切细的烟丝，放到烟锅里，点燃后就可以慢慢地享受一段迷离时光。烟管大多制作精美，配套的还有烟丝包、皮套、布袋、烟盒等。在风月文化中，吸烟也是游女和客人交流感情的活动之一。这幅画描绘了清旷的田间，一个旅人向坐在堤上小憩的女子"借火"点燃烟管的情景。水田中是嫩绿的秧苗，远处有骑马赶路的行人，有小小房舍。年轻男女凑近烟管的姿态，显得亲密有情。

三股大水和其中飞溅的水沫

> 予决九川，距四海，濬畎浍距川 ——《尚书》

❶

❷

看到"川流不息"这个成语，相信人们的脑海里立刻就会浮现出河水奔腾的景象。"川"字就是这样造出来的，甲骨文字形❶，两边是河岸，中间是流水。也有人认为是三股大水之形，还有人认为中间的三点表示水流中的旋涡。甲骨文字形❷，更为繁复，似乎更应该理解为三股大水和其中飞溅的水沫或旋涡。甲骨文字形❸和金文字形❹，再到后来的小篆字形❺，都省写为弯弯曲曲的三道笔画，跟今天使用的"川"字一模一样。

《说文解字》："川，贯穿通流水也。"《尚书·益稷》篇中记帝禹的话说："予决九川，距四海，濬畎浍距川。"意思是说：我疏通了九州的河流，使它们流入四海，挖深疏通了田间的大水沟，使它们流入大河。"濬"通"浚（jùn）"，深挖疏通之意；"畎（quǎn）"本来写作"く"，读音相同，也就是"川"字的一弯，指田间最小的水流；"浍（kuài）"本来写作"巜"，读音相同，也就是"川"字的两弯，两"く"相合，指田间较大的水流；田间的畎、浍被深挖疏通之后，流入的大河就称作"川"。

《尔雅·释水》中还有古人关于"川"的更有趣的辨析："溪阘，流川；过辨，回川。""溪（guǐ）阘"也作"溪辟"，指贯注无阻的流水，即所谓"流川"，

❸　❹　❺

通流之川，也有说是深水处。"过辨"，郭璞注解说："旋流。"邢昺进一步注解说："回，旋也。言川水之中有回旋而流者，名过辨也。"也有说"過（过）"通"涡"，旋涡。此即所谓"回川"，回旋而流之川。

民国学者沈兼士曾有论说："溪隰流川，过辨回川，名虽各异，事实相成。水回旋处必深满，及其盈科而出，势更汹涌。《尔雅》特析其本末为旋流与通流，以注溪隰过辨之转语耳。解者若认旋流与通流为截然两事，则泥矣。"他的意思是说，旋流为本，深满到一定程度则汹涌而出，发展为贯注无阻的通流，其实不过是一条大川的不同状态而已。

《周礼·考工记》载："凡天下之地势，两山之间必有川焉。"因此而有"山川"一词。《尚书·禹贡》记帝禹"奠高山大川"，高山指五岳，大川指四渎。所谓"四渎"，指古时最大的四条河流——长江、黄河、淮水、济水。

据《周礼》记载，周代有掌管玉器以及用玉器来祭祀的"典瑞"一职，"璋邸射以祀山川"。"璋"是形状像半个圭的玉器，"邸射"指璋的上部削尖，用以祭祀山川。同时还要将马沉入河中，这就是山川之祭。

今日四川省的得名，始于北宋所置益州、梓州、利州、夔州四路，合称"川峡四路"；元代设"四川行中书省"，简称"四川行省"。四川者，岷江、沱江、黑水、白水四大川也。

大川出山则必有平野，因此"川"引申为平野、平地，比如一马平川、虎落平川之"平川"，即指广阔平坦之地。又引申为旅途，比如"川资"，指旅途所需的路费。古人旅行，以水路乘船最为快捷，故将路费称作"川资""川费"。

年

人头顶着成熟的庄稼回家

> 白发催年老，青阳逼岁除
> ——孟浩然

❶

❷

中国人每年都要过年，这个"年"字到底是怎么来的呢？

年，甲骨文字形 ❶，这是一个会意字，上面是"禾"，像一棵沉甸甸的庄稼，下面是一个面朝左、手臂下垂的人，会意为庄稼成熟，人背负着庄稼运回家去。叶玉森《说契》解释道："疑从人戴禾。禾稼既刈，则捆为大束，以首戴之归。"意思是人头顶着沉甸甸的庄稼回家。甲骨文字形 ❷，更像人背着"禾"的样子。金文字形 ，下面的人形讹变为"千"。小篆字形 ❹，紧随金文字形的讹变，因此许慎把"年"归类为形声字，"从禾千声"，这是错误的。

《说文解字》："年，谷熟也。""年"的本义就是丰收。《谷梁传》说："五谷皆熟为有年也。"又说："五谷大熟为大有年。"都是这个意思。庄稼收割完毕，古人要庆祝丰收，同时祭祀祖先神灵，这个节日就称作"年"。邢昺解释道："年者，禾熟之名，每岁一熟，故以为岁名。"不过据《尔雅》记载，尧舜的时候不叫"年"，而叫"载"；夏代的时候叫"岁"；商代的时候叫"祀"；一直到了周代才改称"年"。

中国民间有一个流传久远的传说，认为"年"是一

❸ ❹

种怪兽,人们过年放鞭炮是为了赶走这头怪兽,辟邪驱凶,保佑家中平安。不过放鞭炮的习俗起源很晚,南朝宗懔的《荆楚岁时记》载:"正月一日,鸡鸣而起,先于庭前爆竹、燃草,以辟山臊恶鬼。"在火药发明之前,古人用火烧竹,毕剥发声,以驱除山鬼瘟神,称作"爆竹"。但是周代时已经有了"年",可见"年"是一头怪兽的说法只是民间相沿的传说,实际上"年"的形成还是跟岁末的祭祀有关,这从"载"(尧舜)、"岁"(夏)、"祀"(商)一直到"年"的演变就可以看得很清楚。

"载"有祭祀的意思,比如载社就是祭祀社庙,载璧就是祭祀时所用的玉;"岁"和"年"同义,一年的最后一天要举行仪式,击鼓驱疫,谓之逐除,这就叫"岁除",也含有祭祀的意思在内;"祀"就更不用说了。因此,相沿而到周代的"年"字,仍然继承了前几代祭祀的含义,跟岁末的祭祀有关。今天我们所说的"过年",意思就是在一年的最后一天举行祭祀祖先的活动,把这个旧年过去,迎接新的一年,这才是"过年"的本义。孟浩然有诗:"白发催年老,青阳逼岁除。"青阳是春天,逼着"岁除",一年赶紧过完,好迎来万物复苏的春天。

需要注意的是,除了一年、年龄等义项之外,"年"还有一种比较独特的用法,就是科举时代同科考中的人的互相称呼,比如年谊即指同年登科的关系。《儒林外史》:"你我年谊世好,就如至亲骨肉一般。"又可互称同年,除了指出生于同一年之外,还指同科中士,唐人李肇说:"(进士)俱捷谓之同年。"清人顾炎武说:"同榜之士,谓之同年。"

正

征伐的脚步向着城邑逼近

终日射侯，不出正令 ——《诗经》

❶　　　　　　❷　　　　　❸

"正"是个义项繁多的汉字。关于"正"字的甲骨文和金文字形，历代的学者们争议颇多，因此对"正"字的本义也多有分歧。在这种种分歧之中，也出现了一些有趣的观点。

正，甲骨文字形❶，这是一个会意字，下面是一只脚，而且是左脚，最长的一画表示左脚最上面的大脚趾。这只脚就是"止"的甲骨文字形。上面填实的椭圆点表示什么呢？学者们就是在这里出现了分歧。先来看甲骨文字形❷，上面变成了方方正正的口形。甲骨文字形❸，下面的脚变成了右脚。徐中舒先生认为上面的口形"像人所居之邑"，下面的脚"表举趾往邑，会征行之义，为征之本字"。裘锡圭先生认为上面的口形"代表行程的目的地"，下面的"止""表示向目的地行进"，因而"正"字的本义是远行。白川静先生则认为"正"字"本来义示向着城邑逼近，义为征伐以及征服"。

正，金文字形❹，上面填实成了圆点。金文字形❺，上面也是填实的椭圆点。金文字形❻，上面填实的圆点和下面的"止"连在了一起。金文字形❼，上面讹变为

一横,为小篆字形❽打下了基础。

《说文解字》:"正,是也。从止,一以止。"这是许慎根据小篆字形所做的解说,但上面的"一"乃属讹变。《说文解字》:"是,直也。"因此许慎的意思就是说,"正"字的本义是这只脚直直地往前走。张舜徽先生根据金文字形上面填实的圆点认为:"像止前有物阻之,不得行进也。乃阻止之止本字。凡云停止静止,当以正为本字。"并感叹"后世引申义行而本义废"。

林义光则根据金文字形认为上面填实的圆点"像正鹄形"。所谓"正鹄",指箭靶的中心。古人常举行射礼,关于射箭的靶子,郑玄说:"方十尺曰侯,四尺曰鹄,二尺曰正,四寸曰质。""侯"是整个一面箭靶,方十尺;"鹄"缩小到四尺;"正"又缩小到二尺;"质"又缩小到四寸。《诗经·猗嗟》中有"终日射侯,不出正兮"的诗句,意思是箭箭不离"正"这二尺见方的靶心,可谓神射手。因此林义光认为"正"的本义当为正鹄。此说颇为新颖,但却与甲骨文字形❷和❸相差甚远,而且"正"的各种字形中,下面的那只脚是有方向性的,因此释为"向着城邑逼近"更有说服力,甲骨卜辞中也正是将"正"用为征伐之意。

白川静先生完美地解释了"正"的本义和引申义:"向被征服的地方的人民征税,谓'征'。这样的统治方法曰'政'。对被征服地的人们施以重压,强制纳税,此谓'政',而将这样的统治方法认作正当、正义。

由此，'正'有了正确、纠正之义，并有纯正之义。"

"正"还有一个读音 zhēng，仅用于"岁之首月也"，即正月。杜预解释说："凡人君即位，欲其体元以居正，故不言一年一月也。"所谓"体元居正"，意思是人君以天地之元气为本，常居正道而施仁政，因此帝王即位称"元年"，而将岁之首月称"正月"。

《元日村庆图》
明代李士达绘,纸本淡设色,美国克利夫兰艺术博物馆藏

　　李士达(1550—1620),字通甫,号仰槐,江苏苏州人。万历二年(1574)进士,工人物、山水。
　　这是一幅岁朝风俗画,描绘石湖一带村舍过新年的情景。元日即农历正月初一。画面上是水村农舍,湖边人家,柳岸板桥,长者访友宴饮,儿童燃放鞭炮,敲锣打鼓,欢庆佳节。山水景物笔墨苍润,人物用笔圆熟,身姿各异,神态生动。画面充满喜庆、升平气象,又不失水村山郭的宁静和质朴。

日光照射，大地回春，草木生长

为此春酒，以介眉寿 ——《诗经》

❶

❷

少女爱慕异性，称之为"有女怀春"，我们来看看"春"字字形和字义的演变，是怎样具备这个义项的。

春，甲骨文字形❶，这是一个会意兼形声的字，共分为四个字符：左右两边是草，左下方是"日"，中间是草根埋在地下的草木发芽了。整个字形会意为日光照射，大地回春，草木生长。中间部分，有学者认为就是"屯"字，乃是"纯"字的初文，或指十字形的木架子上缠了一团线丝，或指垂有穗状物的花边之形。如果这样解释的话，那么"屯"就仅仅表声，不参与"春"字的会意过程。但许慎却解释为："屯，象草木之初生。"中间的圆圈像臃肿的土堆，下部是冬季埋在土堆里面的草根，春天到来，草根艰难地拱破土堆，萌发出上面的一根芽来。按照这种解释，"屯"既表声，同时也参与了"春"字的会意过程，日光照射，草木发芽，这就是春天来临的征兆。甲骨文字形❷，四个字符的位置进行了更动。

春，金文字形❸，还是这四个组成字符，但是位置发生了较大的变化，"屯"字移到草和日的中间，字形变得更加紧凑。金文字形❹，下部的"日"有些变形，是不是写出这个字的古人正饥饿难耐，以至于心不在焉

❸ ❹ ❺

地把"日"写成了"月（肉）"的样子？小篆字形❺，跟甲骨文和金文字形相比，没有任何变化。楷体字形除了下面的"日"，别的部分看不出来跟过去字形的联系，也看不出是会意字还是形声字了。

《说文解字》："春，推也，草春时生也。"许慎的意思是说春天来临的时候，草木"推"开土堆发芽，故称"推"。随着春天来临，少女的心也"推"开了冬眠已久的心房，对异性的爱慕也开始发芽，因此称作"有女怀春"，多么形象的比喻！

"春"还可以作为酒的别称。有人误以为从唐代开始人们才把酒别称为"春"，这是因为不了解"春"和酒的关系的缘故。《诗经·七月》中有名句："为此春酒，以介眉寿。""眉寿"指长寿的老人。"春酒"是指冬酿经春始熟之酒，故名"春酒"。

今天已经被滥用的"买春"一词，本来是一个极其优雅的古代词汇，竟然被现代人抹黑成了嫖娼，真是悲哀！晚唐诗论家司空图把"玉壶买春"列入"典雅"一章，现代语言学家郭绍虞先生解释得非常清楚："春有二解：《诗品注释》：春，酒也。唐《国史补》：酒有郢之'富水春'，乌程之'若下春'，荥阳之'上窟春'，富平之'石东春'，剑南之'烧春'。此一义也。杨廷芝《诗品浅解》：春，春景。此言载酒游春，春光悉为我得，则直以为买耳。孔平仲诗：'买住青春费几钱。'杨万里诗：'种柳坚堤非买春。'此又一义也。窃以为二说皆通。"哪里有丝毫下流的含义！

❶ ❷

夏

脚踩农具、手持刀具的农耕舞蹈

> 冕服采章曰华，大国曰夏。
> ——孔安国

《史记·夏本纪》："禹于是遂即天子位，南面朝天下，国号曰夏后。"禹称帝的国号为夏后氏或夏氏，简称为"夏"。这是中国典籍中的记载，考古界尚未发现夏代存在的直接证据，晚于夏代的甲骨文中也还没有发现公认的"夏"字。这确实是一件奇怪的事情。我们只能从"夏"字的字形起源和古代典籍的记载，来大致勾勒夏代为何以"夏"命名，以及中国别称"华夏"的由来。

夏，金文字形❶，这是一个非常复杂的象形字，但象的到底是什么形，学界大致共有十种说法，比如人形说、图腾说、大禹治水之形说、舞蹈之形说等，但都因证据不充分而一一得到驳斥。我赞同舞蹈之形说，但又与传统的释义有别。

仔细研究这个字形，其上部为"页"，是人头的象形，这一点没有争议。有争议的是下部的字符。右侧是一只手，中间是一个人操持之状，人的腿伸得很长，尽头处是一把形似木叉的耕地农具，这种农具叫"耒（lěi）"。这个人操持的是什么东西呢？最左边的两个字符非常像刀具之形。这个人脚踩农具，手持刀具，如此复杂的造型不像是真的在干农活儿，倒像是一种仪式。

❸ ❹ ❺

我认为这确实是一种仪式,是模仿农耕动作表演的舞蹈。

相传大禹擅长作乐,乐章即以"夏"命名,比如后世记载的《大夏》《三夏》《九夏》,郑玄解释《九夏》说:"《九夏》皆诗篇名,颂之族类也。此歌之大者,载在乐章,乐崩亦从而亡。"可见《九夏》乃是"颂之族类",歌颂自己部族的乐章。再联想到大禹的儿子启,据《山海经·海外西经》记载,启也是一个乐舞能手:"大乐之野,夏后启于此舞九代,乘两龙,云盖三层,左手操翳,右手操环,佩玉璜。""翳(yì)"是羽毛所制的华盖。农耕是农业社会的支柱,播种或丰收时举行的祀祖娱神仪式,模仿农耕的动作制作乐舞乃题中应有之义,古代君王每年都要到郊外祭祀土地和五谷之神,乐舞当然也是必不可少的项目。因此,大禹将国名定为"夏",极有可能就是以农耕之舞命名,此即"颂之族类","夏"的这个字形表现的就是农耕的舞蹈。

夏,金文字形❷,这个舞蹈的人头发都飘起来了,喜气洋洋的样子一望可知;右臂还擎着一个圆环状的东西,这个东西很可能是圆形而中间有孔的玉环,这让我们想起夏启舞蹈的时候"右手操环"的描述。金文字形❸,舞蹈之形加以简化。金文字形❹,头、手、脚、玉环都变形得厉害。小篆字形❺,只剩下了人的身体,农具和玉环都消失不见了。

《说文解字》:"夏,中国之人也。"这是引申义。"夏"由隆重盛大的农耕之舞而引申为盛大、大之意,孔安国解释说:"冕服采章曰华,大国曰夏。"这就是中国别称"华夏"的由来。

秋

秋末举行的火烧秋虫的焚田习俗

> 眼色暗相钩，秋波横欲流
> ——李煜

我国是农业社会，农业耕种跟四季关系密切，因此甲骨文中就已经有了"秋"这个字。

秋，甲骨文字形❶，上面是一只蟋蟀，下面是火，左民安先生解释说："火烧秋虫，为古代焚田之习俗，在秋末进行。"因此"秋"是一个会意字。甲骨文字形❷和❸，非常像蟋蟀的样子，《诗经·七月》中的名句："七月在野，八月在宇，九月在户，十月蟋蟀入我床下。"蟋蟀是秋虫，因此用蟋蟀来会意秋天。《说文解字》中还收录了"秋"字的籀文字形❹，左上为"禾"，下为"火"，表示五谷熟了，右边的蟋蟀讹变为一只龟的样子。小篆字形❺，只保留了"火"和"禾"，仍然会意为五谷成熟。

《说文解字》："秋，禾谷熟也。"《管子·四时》："秋聚收，冬闭藏。"秋天是聚集收成的季节。《尔雅》："秋为白藏。"这是一种有趣的说法。秋天在五行学说中属金，方位属西方，颜色则是白色，因此说"秋为白藏"。秋天又是萧条肃杀的季节，因此"秋"又引申出悲愁的意思："秋之为言愁也。"比如把不得意的士人叫作秋士，把年老色衰的妇女叫作秋娘。

❸　　　　　　　　❹　　　　　　　　❺

秋天肃杀，因此古代的律令刑狱之事皆称秋，比如刑部别称秋曹，处决死刑犯也都在秋天进行。古代的皇帝自诩为"天之子"，为了显示顺应天道的政治合法性，特意把刑杀安排在秋冬之际进行，因为秋冬的肃杀之气，渲染了刑杀本身的严肃性和震慑力。按照五行学说，秋天属金，适合刑杀。因此，"金秋"一词并无今天秋高气爽的盛世意象，恰恰相反，金秋时节是死囚们集体送命的日子。西汉大臣窦婴是在农历十二月的最后一天被杀，因为过了这一天就是春天了，不仅不能再行刑，还有可能遇赦。这一季节的刑杀被称为"天刑"，在以儒家为正统意识形态的历史中，金秋时节举行的"秋决"并不仅仅是夺去了一个死囚的身体，甚至被上升到用上天来惩罚死囚的高度。而"天之子"，就是上天在人间的代理人，是上天授权施行"天刑"的最高律令。

我国历史上第一次出现"秋后决死刑"的记载，是在《金史·刑法志》中。该法规定只有强盗这一个犯罪种类排除在秋决的禁忌之外，其余一切死刑犯都要在金秋时节处决。后来"秋决"这个词更加通俗化为"秋后问斩""秋后算账"，在古代小说中非常常见。

"秋"还用来形容女人的眼波，这是因为秋天的时候天空高远，秋风吹拂着水面，水中涟漪荡漾，清澈无比，这样的水被称作"秋水"。"秋水"清澈到什么程度呢？可以一眼望到底，因此有"望穿秋水"一词。因此，古人就用"秋水""秋波"来比喻女人清澈明亮又流转荡漾的眼波，实在是太形象了!

　　最早使用"秋波"一词的应该是那位著名的词人皇帝、南唐后主李煜了,李煜在写给小周后的情书《菩萨蛮》中吟咏道:"眼色暗相钩,秋波横欲流。"《西厢记》中的名句:"饿眼望将穿,馋口涎空咽,空着我透骨髓相思病染,怎当他临去秋波那一转!休道是小生,便是铁石人也意惹情牵。"这段描写太有名了,以至于崔莺莺"临去秋波那一转"成为中国爱情史上最著名的秋波事件,影响所及,清代人徐震在《美人谱》中把它作为美人七项"韵"标准的压卷选项。这七项"韵"的标准是:"帘内影,苍苔履迹,倚栏待月,斜抱云和(云和是弦乐器),歌余舞倦时,嫣然巧笑,临去秋波一转。"

《仇英款西厢记图册》之一
清代佚名绘，绢本设色，美国弗利尔美术馆藏

　　自从元代王实甫改编金人董解元所写的《西厢记诸宫调》之后，这本《西厢记》杂剧就在中国舞台上经久不衰。这部杂剧被明代戏曲学家评为"古戏之首"，成为有明一代各类文学著作中首屈一指的畅销书，仇英、唐寅、陈洪绶、钱谷等名家都曾以其为题创作过画作或版画插图。这套仇英款《西厢记图册》，是清人模仿仇英的风格所绘。"明四家"之一的仇英擅界画，工人物，尤擅仕女，刻画细腻，精丽艳逸。此图册设色明丽古雅，布置妥帖，人物精细，应是"苏州片"画家全盛期出品。

　　这幅图描绘的是《西厢记》第一本第一折《惊艳》。张生与崔莺莺在佛殿相遇，莺莺的美貌令张生"魂灵儿飞在半天"，只一个照面，就"疯魔了张解元"。画面上张生回首顾盼，莺莺与红娘踏残红，过芳径，正袅袅婷婷走向深院。张生的留恋，莺莺的娇羞，红娘的伶俐，历历在目。

落

树木凋谢

> 自古落成须善颂，扫除东阁望公来
> ——王安石

❶

"落"是个后起的字，小篆字形❶，这是一个形声字。《说文解字》："落，凡草曰零，木曰落。从草洛声。""零"和"落"都是坠下来的意思，"零"的本义是"余雨"，也就是细雨，所以草的凋谢叫"零"，取其轻微之意；树木的凋谢叫"落"，比草的凋谢动静要大一些。屈原《离骚》中的名句："惟草木之零落兮，恐美人之迟暮。"草木零落，就是零、落分指。杜甫有句诗，这种区别显得更加清晰："岁暮百草零，疾风高冈裂。"草只能称"零"。还有"人闲桂花落""落英缤纷"等种种表示树木凋谢的诗文，可以验证"零"和"落"的区别。

树木凋谢，枝叶在地上堆成一堆，会阻挡人的行进，因此古人把篱笆称作篱落。柳宗元有诗："篱落隔烟火，农谈四邻夕。"又由此引申出人聚居的地方，比如村落、屯落、聚落。至于"落"的各种读音：luò，lào，là，都是在漫长的语音演变过程中逐渐添加上去的，有的还是方言读音，比如莲花落的"落"读作lào。

最有趣的是"落成"一词，今天管建筑工程完工叫"落成"，含义非常简单，再也没有别的意味在内了，可是在古代，这个词的意思要复杂得多。

古代宫室建成后要举行祭礼，这种祭礼就叫作"落"。公元前535年，楚灵王建了一座离宫，取名章华台，十分华美。建成之后，楚灵王带着大臣伍举一起登台，楚灵王洋洋得意地赞美道："章华台真是太美了！"伍举接过楚灵王的话头，批评他以举国之力建造这么一座台，劳民伤财，用了好几年才建成，没有什么值得炫耀的。楚灵王不听伍举的劝谏，还想把各国的国君都请来参加落成典礼，没想到各国国君都以之为耻，纷纷拒绝了邀请，只有鲁国国君勉强前来。这个故事记载在《左传·昭公七年》里面，原文是："楚子成章华之台，愿与诸侯落之。"杜预解释道："宫室始成，祭之为落。"清代学者纪晓岚在《阅微草堂笔记》中也说："落成之日，盛筵祭神。"

《左传·昭公四年》："叔孙为孟钟，曰：'尔未际，飨大夫以落之。'"鲁国大夫叔孙穆子为儿子孟丙造了一口钟，对儿子说："你还没有正式和人交际，在请大夫们饮宴的时候举行钟的落成典礼。"杜预解释道："以豭猪血衅钟曰落。"豭（jiā）猪就是公猪，衅（xìn）是指用动物的血来祭祀新制的器物。用公猪的血来祭祀新钟，这个祭礼就叫作"落"。

"落"这种祭礼也称作"考室"，"考"是成的意思，"室"即宫室。颜师古解释道："凡官新成，杀牲以衅祭，致其五祀之神，谓之考室。"这和"落"的祭礼仪式完全相同。除了杀牲作祭品之外，还有一项仪式是唱歌颂祷，《诗经》中有一首叫《斯干》的诗，就是周宣王"考室"时所颂祷的歌，既展示了宫室的生动面貌，又表达了对主人的良好祝愿。因此，王安石在诗中写道："自古落成须善颂，扫除东阁望公来。"就是这一祭礼的形象描述。

今天建筑竣工之后，往往邀请官员或者名流进行剪彩，也是古代举行祭礼的遗意，只不过方式不一样罢了。

旦

太阳从海面上冉冉升起

令下三十日不烧，黥为城旦。——《史记》

"旦"这个字，今天最常用的义项是元旦和戏曲中扮演妇女的旦角。我们先来看作为时辰的"旦"字的字形，再来探讨"旦"为什么可以作为戏曲角色的称谓。

旦，甲骨文字形❶，这是一个会意字，上面是"日"，一轮太阳，下面是太阳的倒影。据此则造出这个字的时候，古人是在水边观察日出。甲骨文字形❷，上面的"日"省去了中间的一点。甲骨文字形❸，上下两个"日"，更像太阳及其倒影。金文字形❹和❺，下面填实并连为一体，表示太阳刚刚从水面或者海面上升起。金文字形❻，太阳似乎挣脱着，拼命从水面或者海面上冉冉升起。小篆字形❼，日影讹为"一"。

《说文解字》根据小篆字形解释说："旦，明也。从日见一上，一，地也。"许慎的意思是说"旦"是太阳从地面上升起之形，这种解释是错误的，"旦"的字形是从河面或者海面上升起，因此"旦"的本义就是早晨，夜刚尽，日初出，天刚破晓。《诗经·女曰鸡鸣》中的名句"女曰鸡鸣，士曰昧旦"，"昧"是昏暗不明，"昧旦"即将明未明，正是"旦"字字

形的形象写照。

"旦"是一天的开始,因此引申将农历每月的第一天也称作"旦",每月初一亦称"朔","朔旦"连用即指初一;再引申将新年的第一天也称作"旦",比如"元旦",南宋吴自牧所著《梦粱录》中说:"正月朔日,谓之元旦,俗呼为新年。一岁节序,此为之首。"现在则将公历的一月一日称作"元旦"。

古时有一种刑罚叫"城旦",《史记·秦始皇本纪》载,秦始皇下令烧书,"令下三十日不烧,黥为城旦"。"黥"是墨刑,将犯人刻面染墨作为标记。"城旦"是一种需要服四年的刑罚,应劭解释说:"城旦者,旦起行治城,四岁刑也。"天刚破晓就要起床筑城,而且还要坚持四年之久,真是辛苦!妇人力弱不能筑城,则罚去舂米,也是四岁刑。

古人将盟誓称作"旦旦",出自《诗经·氓》"信誓旦旦"的诗句,指着初升的太阳起誓,以表明自己皎如白日的心迹。

至于戏曲中扮演妇女的角色称"旦",则历代争论颇多。有"反言说":"旦为妇人,昏夜所用,故反言旦。"有"省笔说":"伶人粗伧,识字无多,始而减笔,继而误写,久之一种流传,遂为专门之名词,明知其误而不可改矣……小旦,小姐也,先去女旁,后又改且为旦,但图省笔而已。"(《清稗类钞》)有"动物说":"狚,猿之雌者,其性好淫,今俗讹为旦。"(《通俗编》)

王国维在《古剧脚色考》中认为："旦名之所本虽不可知，然宋金之际，必呼妇人为旦；故宋杂剧有装旦，装旦之为假妇人，犹装孤之为假官也。至于元人，犹目张奔儿为风流旦，李娇儿为温柔旦（《青楼集》），此亦旦本伎女之称之一证。"此说最为可靠，因此"旦"乃是对伎女（女歌舞艺人）的称呼。

寒

房子里的人用草来抵御冰冷

九月寒砧催木叶，十年征戍忆辽阳 ——沈佺期

❶   ❷

寒冷仅仅是人体的一种感觉，能感觉到却看不见摸不着，因此这个字就被造得极其复杂。

寒，金文字形 ❶，这是一个会意字，上面是房子，房子里面有一个人，旁边是四把草，会意为用草来抵挡寒气。金文字形 ❷，字形更加复杂，上面还是房子，房子里面添加了许多东西：中间一个人，人的下面是脚，最下面的两横代表冰块，脚踩在冰块上可想而知多么寒冷！周围还是塞了四把草来御寒，估计造出这个字的古人，造字的时候一定也会感到全身冰冷吧！小篆字形 ❸，跟金文字形大同小异。楷体字形变形严重，完全没有寒冷的感觉了。

《说文解字》："寒，冻也。从人在宀下，以草荐覆之，下有仌。""仌"就是冰。古人对四季的变化很敏感，因此创造了四季之神，其中冬神称作"玄冥"，又称"司寒"，北方为冬，因此冬天时天子的各种器具都要使用黑色，祭祀司寒的时候，要使用黑牡（黑色的雄性牺牲）和秬黍（黑色的黍子）。

虽然冬天最为寒冷，但其实从秋分之后天气就开始转寒了，沈佺期有诗："九月寒砧催木叶，十年征戍忆辽阳。""砧"（zhēn）是捣衣石，"寒砧"指寒秋时节的捣衣声，秋景之冷落萧条可见一斑。二十四节气中

有三个与"寒"有关的是寒露,小寒,大寒。

每年阳历10月7日、8日或9日为寒露,气温更低,空气已结露水,快要凝结成霜了,故称"寒露"。有三个征兆出现("三候"),就意味着寒露到来了。第一个征兆是"鸿雁来宾",古人认为鸿雁(大雁)是中国更北方的鸟类,这时大举南迁到中国南方过冬,就像来中国做客一样,故称"来宾";第二个征兆是"雀入大水为蛤","蛤"(gé)指产于我国沿海一带的蛤蜊,"大水"即大海,天气转寒,雀鸟突然都不见了,而海边突然出现了很多蛤蜊,贝壳的条纹、颜色和雀鸟很相似,于是古人就认为"飞物化为潜物",雀鸟化作了蛤蜊;第三个征兆是"菊有黄花",菊花开始开放。

每年阳历1月5日、6日或7日为小寒。《月令七十二候集解》解释道:"月初寒尚小,故云。月半则大矣。"小寒的"三候"是:第一个征兆是"雁北向",大雁开始北飞;第二个征兆是"鹊始巢",此时北方到处可以见到喜鹊筑巢的繁忙景象;第三个征兆是"雉雊","雉"是野鸡,"雊"(gòu)是动词,专指野鸡鸣叫,野鸡感受到阳气而鸣叫。

大寒是二十四节气的最后一个节气,每年阳历1月20日或21日为大寒,是一年中最冷的时候。大寒的"三候"是:第一个征兆是"鸡乳",可以孵小鸡了;第二个征兆是"征鸟厉疾",征鸟是远飞的鸟,指鹰隼等猛禽,这些鸟正处于捕食能力极强的状态中,盘旋于空中到处寻找食物,以补充身体能量,抵御严寒;第三个征兆是"水泽腹坚",在一年中的最后五天,河流中的冰一直冻到水中央,而且最结实,最厚。

《月下打砧美人图》（月下砧打ち美人図）局部
葛饰应为绘，纸本设色，东京国立博物馆藏

  葛饰应为，生卒年不详，江户时代女性浮世绘师，浮世绘巨匠葛饰北斋的三女儿，本名"阿荣"（**お栄**）。她性情豪放不羁，一生追随父亲，醉心于绘画。因擅长光影明暗的运用，后世尊称她为"光之浮世绘师"。

  这幅图画的是一个女子在月光下捣衣，据说源自白居易的《闻夜砧》："谁家思妇秋捣帛，月苦风凄砧杵悲。八月九月正长夜，千声万声无了时。应到天明头尽白，一声添得一茎丝。"满月的清辉照亮思妇的面容和服饰。她的双臂充满力量感，眉目英挺，神情哀伤中带有坚定，画面是秋夜的幽寂清冷。

夕

半个月亮爬上来

少采夕月 ——《国语》

❶

❷

朝、夕相对，分别指早晨和晚上。这是今天的义项，已经属于泛指；不过古时一天之中的时间段有着详细的区分，而且各有专名，丝毫混淆不得。

夕，甲骨文字形❶，像半个月亮。甲骨文字形❷，换了个方向，但仍然是半个月亮之形。徐中舒先生在《甲骨文字典》中总结说："像半月之形，为月之本字。卜辞借月为夕……卜辞中一至四期之夕字每加一点以与月字相区别，五期则夕字多不加点，月字每加一点以相区别。然亦偶有混用者。"也就是说，甲骨文中月、夕通用，需要根据具体的卜辞来判断到底指"月"还是"夕"。

夕，金文字形❸，月中没有一点。金文字形❹，月中有一点。日本著名汉学家白川静先生在《常用字解》一书中进行了仔细的辨析："月亮有盈有亏，虽然也有圆月之时，但为了区别于太阳，'月'写作新月之形。'夕''月'二者古字形相似，但甲骨文'夕'的新月中有点，而'月'的新月中无点。现今字体演变为'夕'中一点，'月'中两横，依此表示区别。"

夕，小篆字形❺。《说文解字》："夕，莫

❸　　　　　　　❹　　　　　　　❺

也。从月半见。"段玉裁注解说:"莫者,日且冥也。日且冥而月始生矣,故字从月半见。旦者,日全见地上;朝者,日在茻中;夕者,月半见。皆会意象形也。"王筠则解释说:"黄昏之时,日光尚在,则月不大明,故曰半见。"

《国语·鲁语下》篇中有"天子大采朝日"和"少采夕月"的记载,"少采"即"小采"。白川静先生解释说:"殷代有'朝夕之礼',朝礼为迎接朝日,夕礼为迎接夕月。此仪礼称'大采''小采',此时进食。大采时亦操持政务,所以,将政治称为'朝政'。"

此说较为简略。实际情形是:春分的时候,天子要在东门之外拜日;秋分的时候,天子要在西门之外祭月。"大采"是指天子所穿的礼服所戴的礼冠,此乃盛服,要用青、黄、赤、白、黑五采制成;"少采"是指绣有黑白斧形的礼服。

大采、小采亦引申为一日之中的时间段。甲骨文大家董作宾在名著《殷历谱》中把商人一天的作息时间分为八段:一曰明,破晓,夜刚尽日初出之时;二曰大采,天亮,日出之时,即今天所说的早晨,自诸侯至士要在这个时间段朝见天子,故称"朝政";三曰大食,开始吃早餐,又称"饔(yōng)",约为上午十点;四曰中日,即昼,白天;五曰日昃(zè),太阳西斜;六曰小食,开始吃晚餐,又称"飧(sūn)",约为下午四点;七曰小采,准备迎接夕月;八曰夕,月半见至夜总称之为"夕"。

由此也可看出，商代实行的是大食、小食的一日两餐制，秦汉之时改为一日三餐制。相应地，三餐的称谓也有改变：早饭称"朝食"，天色微明时进食；午饭称"昼食"；晚饭称"晡食"，"晡（bū）"指申时，相当于下午三点到五点。

《招仙图》
明代张灵绘，纸本墨笔，北京故宫博物院藏

张灵，生卒年不详，字梦晋，吴郡（今江苏苏州）人，家贫，与唐寅为邻，两人志趣相投，交谊最深。性落拓，嗜酒，好交游。所画人物冠服玄古，形色清真。间作山水，并善竹石、花鸟。

这幅《招仙图》卷又名《朝仙图》，是明代白描人物画的精品之作。皓月当空，四下空旷，一清丽女子低眉笼袖，悄然伫立桥头。大面积留白烘托出寂寞萧索的氛围和女子惆怅凄凉的心境。据说卷后曾有唐寅题诗《招仙曲》："郁金步摇银约指，明月垂珰交龙绮。秋河拂树蒹葭霜，哪能夜夜掩空床。烟中混混暮江摇，月底纤纤露水飘。今夕何夕良宴会，此地何地承芳佩。"诗意与画面可谓情景交融。

莫

太阳落到了草丛之中

吾日莫途远，吾故倒行而逆施之 ——《史记》

❶

❷

❸

汉字中有一种增繁现象，比如"莫"是"暮"的本字，本来就指日暮，但被用作否定副词之后，又给它添加了一个"日"写作"暮"，这就是增繁现象。正如清代学者惠栋的感叹："今俗作暮，日下加日，不成文。"同理，"暴"本来就有"日"，又加了一个"日"写作"曝"；"益"本来就有水，又加了三点水写作"溢"。但其实增繁前后的义项完全相同。

莫，甲骨文字形 ❶，上下是四棵草，中间是一轮太阳。太阳掉落进草丛之中，表示日暮。甲骨文字形 ❷，圆圈中间添加一横，以示与其他圆形符号相区别。金文字形 ❹，小篆字形 ❺，都大同小异。今天使用的"莫"字，下面草的形状讹变成了"大"。

《说文解字》："莫，日且冥也。从日在茻中。"南唐学者徐锴说："平野中望日且莫将落如在茻中也。今俗作暮。"

"莫"还有另一种写法，即甲骨文字形 ❸，下面不避烦琐地又添加了一只鸟儿。关于这只鸟儿，有两位学者给出了非常有趣的解说。

尤仁德先生所著《古文字研究杂记四则》中写道："除表现太阳西下落入草木之状而外，还以禽鸟莫时投

❸ ❹ ❺

林栖宿来表示昏夜即将降临之意。鸟入林,鸡进窝,夜晚将临,这是一种人们习见的自然景象。"并举《汉书·朱博传》为例:"府中列柏树,常有野乌数千栖宿其上,晨去暮来,号曰'朝夕乌'。"

刘志基教授编著的《中国汉字文物大系(第一卷)》中写道:"甲骨文'莫'还有从隹者,则造字意图有所变异了。'隹'即鸟。上古有'阳乌载日''日中三足乌'之类太阳神话传说。三足乌是神话传说中驾驭日车的神鸟名,为日中三足乌之演化。日暮当然是太阳运行的结果,可知'莫'字之从隹者,与此种观念相联系。"

"莫"即指日暮,古代经典中都写作"莫"。有一个成语"日暮途远",也可以写成"日暮途穷",形容处境十分艰难。

据《史记·伍子胥列传》载:伍子胥之父伍奢因受陷害,和长子同被楚平王所杀,伍子胥逃亡到吴国,对昔日好友、楚国大夫申包胥发誓说:"我必覆楚。"申包胥则说:"我必存之。"后来吴军攻入楚都郢,伍子胥"乃掘楚平王墓,出其尸,鞭之三百"。申包胥逃亡到山中,指责伍子胥的"鞭尸"之举,伍子胥回答道:"吾日莫途远,吾故倒行而逆施之。"司马贞索隐:"子胥言志在复仇,常恐且死,不遂本心,今幸而报,岂论理乎!譬如人行,前途尚远,而日势已莫,其在颠倒疾行,逆理施事,何得责吾顺理乎!"

这个故事的结果是:申包胥求救于秦,"立于秦廷,昼夜哭,七日七夜不绝其声",终于感动了秦哀公,发兵救楚,楚国遂得以保存。

夜

月亮升到了人的腋下

夜中，星陨如雨
——《左传》

❶　❷

王力先生在《王力古汉语字典》中辨析道："从傍晚到日出叫'夕'，从昏至旦叫'夜'，有时也混用。"

甲骨文中还没有发现"夜"字，这也就意味着"夜"是后起字，更早的时候把夜晚这一整段时间都叫"夕"。夜，金文字形❶，白川静先生在《常用字解》一书中解释得很清楚："会意，'大'同'夕'组合之形。'大'为伸展手足站立者的正视图。'夕'形示黄昏时的月亮。人的腋下出现月亮，由此'夜'义指月亮出现的时间段，即夜间、夜晚。"

夜，金文字形❷和❸，左边人的腋下出现了一个指事符号，表示此处乃是人之腋下；右边的半月（夕）也处于这一指事符号相同的位置，表示半个月亮慢慢爬上来，爬到了人腋下的位置，当然就表示夜晚来临了。小篆字形❹，一模一样。我们今天使用的"夜"字则不大看得出来伸展手足站立、腋下出现月亮的象形了。

《说文解字》："夜，舍也。天下休舍也。"段玉裁注解说："休舍犹休息也。舍，止也。"也就是说，夜晚就是人应该休息的时候了。

不仅是应该休息，而且也必须休息。据《周礼》载，

❸

❹

周代有"司寤氏"一职,职责是"掌夜时"。"寤(wù)"指醒着,醒着才能掌管夜间之事。"以星分夜,以诏夜士夜禁。御晨行者,禁宵行者、夜游者。""夜士"指夜晚巡逻的士卒,禁止晨行、宵行和夜游的各色人等。

《左传·庄公七年》的"经"中记载了一则夜半奇事:"夏四月辛卯,夜,恒星不见。夜中,星陨如雨。"夜中即夜半。这是世界上天琴座流星雨的最早记录,发生于公元前687年,在鲁国国都曲阜观测到的。

此"经"的"传"中写道:"夏,恒星不见,夜明也。星陨如雨,与雨偕也。"这是说流星雨的同时还下着雨。

《春秋谷梁传·庄公七年》则有不同意见:"夜中星陨如雨,其陨也如雨"这是说流星就像雨一样陨落下来。"我见其陨而接于地者,则是雨说也。着于上,见于下,谓之雨;着于下,不见于上,谓之陨,岂雨说哉?"也就是说,如果真是下雨,那么必有发端的云层,然后雨落到地下;而流星雨只能看见陨落于地,却看不到发端之处,因此仅仅是流星雨,并没有同时下雨。

《春秋公羊传·庄公七年》也进行了有趣的质疑:"如雨者何?如雨者,非雨也。非雨,则曷为谓之如雨?不修《春秋》曰:'雨星不及地尺而复。'君子修之曰:'星陨如雨。'"这是说"如雨"的意思就不是下雨。"不修《春秋》"指未经孔子编修过的鲁国的原始史书,该史书中载:"雨星不及地尺而复。"流星雨还没有接近地面就消失了。因此孔子才把这则记载更简洁地改为"星陨如雨"。

《青楼十二时 丑之刻》（青楼十二時　続　丑ノ刻）

喜多川歌麿绘，约 1794 年

最早开始研究浮世绘的 19 世纪法国文学家龚古尔将喜多川歌麿称为"青楼画家"，因其最善于敏锐捕捉和细腻刻画江户时代吉原游女的日常生活与喜怒哀乐。《青楼十二时》系列共十二幅，是歌麿描绘吉原游女生活细节的代表作。一个"时刻"即两小时，十二幅画细致描绘了游女一天一夜的生活。《丑之刻》是该系列中最精彩的一幅。"丑之刻"为深夜两点左右，起床外出的游女手执用于照明的纸捻，正在趿木屐。背景利用金粉衬托出阑珊夜色。女子惺忪的睡眼加深了画面的迷离颓废。

张爱玲在《忘不了的画》中曾特别谈到这一幅："她立在那里，像是太高，低垂的颈子太细，太长，还没踏到木屐上的小白脚又小得不适合，然而她确实知道她是被爱着的，虽然那时候只有她一个人在那里。因为心定，夜显得更静了，也更悠久。"

参

人的头顶三星高照

> 人生不相见，动如参与商。　——杜甫

❶　　❷

"人生不相见，动如参与商。"这是杜甫《赠卫八处士》开篇的名句。"参"是参星，"商"是商星，又叫辰星。参星在西，商星在东，此出彼没，永不相见，因此用来比喻不和睦，或者亲友彼此隔绝不能相见。

据《左传·昭公元年》记载，上古时期，高辛氏有二子，老大叫阏伯，老二叫实沈，都住在旷野的大树林里。兄弟二人不相和睦，每天都是刀枪相见，互相征伐。后来帝尧很生气，就把老大阏伯迁到东边的商丘，命他主管用大火星来定时节的职责，商朝人沿袭了下来，因此大火星称作"商星"；把老二实沈迁到西边的大夏（今太原一带），命他主管用参星来定时节的职责，太原后来属于三晋之地，因此参星称作"晋星"。这就是"参商"比喻相隔绝的来历。

参，甲骨文字形❶，这是一个会意字，下面是一个侧立的人形，头顶是三颗星星，会意为参星高照。为什么用三颗星星来会意呢？这是因为参宿虽然共有七颗星星，但其中最耀眼的三颗连成一线，因此"参"的字形选择了三颗星星。金文字形❷，下面是一个跪着的人形，上面同样是三星照耀。金文字形❸，左下角添加了三撇，代表星星的光芒。朱芳圃先生说："'参'

象参宿三星在人头上,光芒下射之形。"小篆字形❹,同于金文。楷书繁体字形❺,上面看不出星星的样子了。

《说文解字》:"参,商星也。"据段玉裁说,这是许慎的手误,应当解释为:"参,晋星也。"就是因为高辛氏的二儿子实沈被迁到晋地的缘故。这是"参"的本义,读音为"shēn"。

《诗经·绸缪》中有"三星在天""三星在隅""三星在户"的诗句,此处的"三星"就是指"参"字字形中的那三颗星星,因此"参"可以当作"三"来用,读音即为"sān"。又因为三颗星星并立,这个读音的"参"因此又可以引申为丛立的样子,西晋束皙《补亡诗·华黍》中有"芒芒其稼,参参其穑"的诗句,"芒芒"形容广大、众多,"参参"则形容庄稼一片片丛生并排列出去的样子。

《周礼》中规定,每个诸侯国中要"设其参,傅其伍","设其参"是指设立司徒、司马、司空三卿,"傅其伍"是指三卿之下又要设立五位大夫。这里的"参"虽然是指三卿,但因为卿的作用是辅佐诸侯,因此可以引申为参与决策之意,所谓"三相参列",后世的参军、参谋、参知政事等官职都由此而来,读音为"cān"。

又因为三颗星星呈长短、错落不齐之貌,"参"又可以引申为长短、错落不齐之意,而常与"差"连用为"参差"一词,读音为"cēn cī"。《诗经·关雎》中的名句"参差荇菜,左右流之""参差荇菜,左右采之""参差荇菜,左右芼之"就是这样的用法。

农事篇

香

器皿中盛着芳香的黍子

> 至治馨香，感于神明
> ——《尚书》

很多学者都认为甲骨文中没有"香"字，但徐中舒先生主编的《甲骨文字典》中收录的"香"字，却具备了"香"字的原始功用，因此应当视作"香"字。

香，甲骨文字形❶，这是一个会意字，上面是禾穗下垂之形，下面是盛禾穗的器具。甲骨文字形❷，上面下垂的禾穗还散落了很多颗粒。谷衍奎《汉字源流字典》的释义非常准确："甲骨文是器中盛禾黍形，小点表示散落的黍粒，会新登禾黍芳香之意。"小篆字形❸，上面根据甲骨文字形定型为"黍"，下面是"甘"，因此许慎认为"从黍从甘"，虽然也可会意为黍稷等粮食的芳香，但"甘"其实是盛黍稷之器的讹变。楷体字形则只保留了"黍"上部的"禾"。

《说文解字》："香，芳也。"不过"香"和"芳"还有更细致的区分。清代学者王筠说："香主谓谷，芳主谓草。"张舜徽先生则进一步解释说："草之芳在花，谷之香在实。在花者其芳分布，在实者必熟食时然后知之。"这就是为什么"香"的甲骨文字形中禾穗下垂的缘故，成熟才会下垂，成熟也才会散发出谷物的香味。

《尚书·君陈》篇中写道："至治馨香，感于神明。黍稷非馨，明德惟馨尔。"虽然认为黍稷并不馨香，而是美德馨香，但这不过是比喻义。前半句的"至治馨香，感于神明"，"馨香"是指用作祭品的黍稷，"馨"是"香之远闻者也"，用成熟的黍稷作祭品，香味可以远远地被神明闻到。

据《左传·僖公五年》载，晋国要向虞国借道去讨伐虢国，面对大夫宫之奇的劝谏，虞君说"吾享祀丰洁，神必据我"，宫之奇则一针见血地指出："神所冯依，将在德矣。若晋取虞而明德以荐馨香，神其吐之乎？"意思是神凭依的是人的德行，如果晋国吞并虞国之后，修明美德，并将黍稷献祭给神明，神明难道还会将祭品吐出来吗？黍稷成熟之后，古人要先将这些谷物祭献给神明和先祖，这就叫"荐"，是指没有酒肉作供品的素祭。"荐馨香"，可见"馨香"的确是用作祭品的黍稷等谷物。

"香"的本义既是谷物的香味，则可引申为草木之香，比如沉香、檀香、丁香，或者引申为兽类之香，比如麝香。汉代人对尚书郎有个非常雅致的称谓，叫作"怀香握兰"。《初学记》卷十一引东汉学者应劭所著《汉官仪》："尚书郎含鸡舌香，伏奏事，黄门郎对揖跪受，故称尚书郎怀香握兰，趋走丹墀。"鸡舌香就是丁香，"丁"是"钉"的古字，鸡舌香的子看起来像钉子，故称"丁香"；丹墀（chí）指宫殿前的红色台阶和台阶上的空地。因为鸡舌香可以除口臭,所以在皇帝身边处理政务的尚书郎要奏事的时候,必须口含鸡舌香,袖中还要藏有叫兰的香草,以免熏到皇帝的万乘之躯。这大概是世界上最早的口香糖了吧。

农

拿着蚌镰在林中耕作

> 我昔官称劝农使，年年来漱西江水 ——范成大

《史记·孝文本纪》："农，天下之本，务莫大焉。""农"如此之重要，因此我国从秦代起就设置了劝农官，职责是劝农民采桑、耕作，历代相沿，范成大诗："我昔官称劝农使，年年来漱西江水。"他就做过这样的官职。

农，甲骨文字形❶，这是一个会意字，上部是"林"，下部是"辰"。"辰"是"蜃"的本字，"蜃"是蛤、蚌之类的软体动物，古人用它们的壳制成农具，用来耕作，这种农具叫蚌镰，在蚌镰的背部凿两个孔，用绳子系在拇指上，用来掐断禾穗。因此"农"会意为拿着农具在林中耕作。不过许慎认为："辰，震也。三月，阳气动，雷电振，民农时也，物皆生。"以此会意为在林中务农。许慎的看法跟"辰"字的甲骨文字形不符，是因为他没有见过甲骨文的缘故。甲骨文字形❷，双手持蚌镰。

农，金文字形❸，下部仍然是蚌镰，上部变成了"田"，会意为拿着蚌镰在田中耕作。金文字形❹，蚌镰的两侧添加了两只手，手持着蚌镰进行耕作。金文字形❺，字形变得复杂起来，蚌镰下面添加了一只脚，两只手移到了"田"字两侧，"田"上面的一横表示田界。最早写出这个字形的古人一定很小气，他的意思是只在

自己家的田里耕作,所以画出了田界。小篆字形❻,直接从金文变形而来,变成了一个从晨囟(xìn)声的形声字,从晨,取日出而作、日落而息之意。楷书繁体字形❼,上面的"田"讹变为"曲",失去了最初的形象。简化后的简体字完全看不出造字的本意了。

《说文解字》:"农,耕也。"引申为农业、农民。《周礼》中将农民分为三类,称作"三农",分别为山农、泽农、平地农,指居住在山区、水泽和平地的农民。古时以农立国,西周统治者制定了治理国政的八项原则,称"农用八政",都是为了发展农业生产。《汉书·食货志》开宗明义:"《洪范》八政,一曰食,二曰货。食谓农殖嘉谷可食之物,货谓布帛可衣,及金、刀、鱼、贝,所以分财布利通有无者也。二者,生民之本,兴自神农之世。"班固取农用八政之首的"食"和"货"来概称古代的财政制度,故称《食货志》。农用八政出自《尚书·洪范》:"八政:一曰食,二曰货,三曰祀,四曰司空,五曰司徒,六曰司寇,七曰宾,八曰师。"

农业靠天吃饭,古人就将天上的一颗星命名为农星,称作"农丈人星"。"丈人"是对老年男子的尊称,移用来称呼农星,"老农主稼穑",可见古人的朴素愿望,"人事作乎下,天象应乎上",是多么渴盼丰收啊!唐代诗人张碧有一首《农父》诗,道尽了农民的辛苦:"运锄耕劚(zhú)侵星起,陇亩丰盈满家喜。到头禾黍属他人,不知何处抛妻子。"这首诗说的还是丰收年景,荒年的景象就更加凄惨了。

《(传)王振鹏养正图十则之一·观获稻》
明清佚名绘,绢本设色长卷,美国大都会艺术博物馆藏

王振鹏,生卒年不详,字朋梅,浙江温州人。元代著名画家,擅长人物画和宫廷界画,被元仁宗赐号为"孤云处士",官至漕运千户。《养正图》又称《圣功图》,是带有启蒙教育性质的作品,内容皆为历代贤明君主的故事。这套《养正图》虽是王振鹏款,却是明清人所绘。

"观获稻"一则画的是南齐文惠太子萧长懋的故事:范云尝从文惠太子幸东田,观获稻。文惠顾云曰:"刈此甚快。"云曰:"若此春耕夏耘与夫秋收,三时之间亦甚勤劳。愿殿下知稼穑之艰难,无殉一朝之宴逸也。"文惠改容谢之。

东田,在建康(今江苏南京)钟山东,其地有文惠太子别墅。范云是有名的神童,风姿秀朗,少机警有识,居官能直言劝谏,图中着一袭红袍的少年就是他。史传文惠太子的别墅建造得连绵华远,壮丽精巧,越过皇宫,范云的一番劝谏大概是白费了。

渔

手持渔网捕鱼

> 不涸泽而渔，不焚林而猎
> ——《文子》

❶

❷

❸

打鱼船上的灯火称"渔火"，最著名的"渔火"诗当属唐代诗人张继的《枫桥夜泊》："月落乌啼霜满天，江枫渔火对愁眠。姑苏城外寒山寺，夜半钟声到客船。"

渔，甲骨文字形❶，这是一个会意字，中间是张网，网里网外各有两条鱼，鱼身上还溅着水滴。甲骨文字形❷，一只手持着鱼竿钓起了一条鱼。甲骨文字形❸，下面的手持着右边的网捕到一条鱼。金文就更好看了，金文字形❹，下面有两只手，上面的左边是水，右边是一条鱼，用双手捕鱼。金文字形❺，刚刚用网捕到鱼，水还直往下滴。小篆字形❻，变成了一个会意兼形声的字，从水鱼声，右边"鱼"下面的鱼尾栩栩如生，不同于楷书繁体字形❼中"鱼"下面的四点。

《说文解字》："渔，捕鱼也。"这是"渔"的本义。古时有"渔师"的官职，专门负责捕鱼，捕到的鱼供祭祀和宴饮。《礼记·月令》："是月也，命渔师始渔，天子亲往，乃尝鱼，先荐寝庙。"供奉在先祖的宗庙里。文子说："先王之法，不涸泽而渔，不焚林而猎。"由此，"渔"和"猎"都引申出掠夺的意思，而且还可连用为"渔猎"。"天下兵乱，渔猎生民"，"倚势渔猎百姓"，

都是古书中常见的用法。

在男权社会里,男尊女卑,男人将女人视为猎物,追逐女人就像打猎和打鱼,得到了女人,无非就是这场狩猎活动的战利品而已,因此诞生了"渔色"和"猎艳"这样的日常用语。"渔猎"连用,也形容贪逐美色,明武宗时的佞臣江彬"……至扬州,即民居为都督府,遍刷处女、寡妇,导帝渔猎",引导武宗荒淫无度。

不过,"猎艳"最早并不是指猎取女色。此语出自《文心雕龙》,在《辨骚》一章中,刘勰批评学习屈原的人,其中有一类是"中巧者猎其艳辞",中等才能的人只会搜猎学习屈原和宋玉的艳辞。此处的"猎艳"当然是指搜求华丽的词语,后来才引申为"渔色"之意。

"渔色"一词的词源就更加早了。《礼记·坊记》对诸侯娶妻妾有严格的规定:"诸侯不下渔色。""下渔色"是指在自己的国家里面娶妻妾,孔颖达解释说:"渔色,谓渔人取鱼,中网者皆取之。譬如取美色,中意者皆取之,若渔人求鱼,故云渔色。诸侯当外取,不得下向国中取卿、大夫、士之女。若下向内取国中,似渔人之求鱼无所择,故云不下渔色。"渔人撒网捕鱼,网中的鱼当然全部归渔人所有;譬如国君在自己国家里面娶妻妾,国中的女人当然全部都归属于你,你想娶谁娶谁,谁敢把国君怎么的?因此要对国君的这种特权加以限制,规定为只能娶别的国家的女人。这就叫不能"渔色"。

田地里种满了庄稼

周虽旧邦，其命维新 ——《诗经》

周是孔子最为推崇的朝代，他在《论语》中感叹道："周监于二代，郁郁乎文哉！吾从周。"这句话的意思是：周代的礼仪制度是从夏、商两代借鉴来的，是多么的文采丰盛啊！我遵从周代。《诗经·文王》如此吟咏周代的使命："周虽旧邦，其命维新。"周虽然是一个古老的邦国，但它的天命到了文王时期才开始更新。那么，这个"旧邦"，这个古老的邦国，为什么用"周"来命名呢？

周，甲骨文字形❶，这是一个象形字，郭沫若先生认为"像田中有种植之形"，其中的黑点是禾稼之形。甲骨文字形❷，更像田中有庄稼。金文字形❸，整整齐齐的一块田地。金文字形❹，省去了表示禾稼的黑点，这个字形为今天的"周"字打下了基础。值得注意的是，甲骨文和直到此时的金文字形中都还没有出现"口"这个字符。

不过，有些学者认为这个字形像玉片上雕刻的花纹，或者"像钟体上雕满乳突形，表示雕刻周密之义"，因此是"雕"的初文。白川静先生则认为这是一面盾牌，上面划分为若干区间，每个区间中都绘有图案，作为

"周"这个部族的族徽。这些见解都很有趣,不过"周"最早却是一个地名,作为地名的"周"字跟田地庄稼之形密切相关。

周部族早期居住在今山西南部一带,到了古公亶父时期才迁往今陕西岐山下的周原,因其地名"周",故改国号为"周"。周原之所以名"周",正是因为这里土壤肥沃,灌溉便利,而周部族的始祖就是擅长农耕的后稷,担任帝尧的农师。远道迁徙而来的周部族为什么偏偏会在周原扎下根?可想而知,对于擅长农耕的周部族来说,适合耕作的周原简直就是上天所赐的一块土地。因此,周原之所以名"周",正是由田地庄稼之形而来。

周,金文字形❺和❻,下面添加了"口"这个字符,徐中舒先生认为"示国家政令所从出",也就是说,这个时期的周部族已发展壮大,组织严密,政令通达,成为可以抗衡商王朝的一支力量了,因此才在原来的"周"字的基础上添加了一个"口","示国家政令所从出",同时也宣示着取商而代之的野心。不过也有可能表示"田"所在的城邑。

周,小篆字形❼,许慎在《说文解字》中就是根据这个字形释义:"周,密也,从用口。"这个释义是错误的,从以上演变可知,"周"并不从"用"。至于"周,密也",不过是引申义,本义是形容周原这块地方适合农耕。既然适合农耕,当然田地稠密,因此而引申为稠密、周密。至于周姓这支大姓,当然也就应该到周原这个周王朝的发祥之地去寻根问祖了。

采

用手轻轻从树上捋取叶子和果实

蜉蝣之翼，采采衣服

——《诗经》

要论有趣，"采"这个字的字形远远算不上汉字中特别出彩的，只不过是古人日常劳作的如实写照而已，但是"采"的各种引申义却非常有趣。

采，甲骨文字形❶，这是一个会意字，上面是一只方向朝下的手，下面是一棵树（木），会意为用手采摘树上的叶子。甲骨文字形❷，下面的树上长满了果子，这只手采摘的是果实。金文字形❸和❹，下面同样是一棵树，上面的手轻轻采摘的样子栩栩如生。小篆字形❺，几乎没有变化。

《说文解字》："采，捋取也。"这就是"采"的本义，突出的是"捋取"的意象，用手轻轻在树上捋取叶子和果实。由捋取、采摘又可以引申为选择，比如古代婚礼的第一项程序叫"纳采"，指男方看中并选择了女方之后，向女方家庭送求婚礼物，请求女方接纳。

树上的叶子和果实五颜六色，因此"采"又引申为彩色，为了区别词义，"采"的这个义项后来写作"彩"。《诗经·蜉蝣》篇中有"蜉蝣之翼，采采衣服"的诗句，"采采"历来有两说，一说是众多貌，树上的叶子和果实很多，

❸ ❹ ❺

当然可以引申为众多,另一说形容衣服之华丽。五颜六色的衣服当然华丽,因此"采"用来形容衣服的彩色。

《国语·鲁语下》篇中有"天子大采朝日"和"少采夕月"的记载。"大采"是指天子所穿的礼服、所戴的礼冠,此乃盛服,要用青、黄、赤、白、黑五采制成;"少采"是指绣有黑白斧形的礼服。这也是用"采"来形容衣服的颜色。

有趣的是,"采"还是九畿之一。天子所居的王城以外五千里,由内及外,以五百里为界,共分为九个部分,乃是诸侯的领地和外族所居之地。据《周礼》记载:"方千里曰国畿,其外方五百里曰侯畿,又其外方五百里曰甸畿,又其外方五百里曰男畿,又其外方五百里曰采畿,又其外方五百里曰卫畿,又其外方五百里曰蛮畿,又其外方五百里曰夷畿,又其外方五百里曰镇畿,又其外方五百里曰蕃畿。"其中的"采畿"为何称"采"呢?贾公彦解释说:"云'采'者,采取美物以共天子。"仍是用的"采"的本义。

古代诸侯、卿大夫的封地称作"采地"或"采邑"。颜师古在为《汉书·刑法志》所作的注中说:"采,官也。因官食地,故曰采地。《尔雅》曰:'采、寮,官也。'说者不晓采地之义,因谓菜地,云以种菜,非也。"颜师古仍然没有解释清楚为何"采地"称"采"的缘故。诸侯和卿大夫在自己的封地内,有权向百姓收取赋税养活自己,就像从树上采摘叶子和果实一样，向百姓"采"赋税，因此才称作"采地"。还可以称作"食邑"，诸侯和卿大夫靠赋税为食，更像从树上采摘叶子和果实为食，因此"食邑"是更加形象的称谓。当作这个义项的时候，"采"必须读四声（cǎi）。

《列女图册·罗敷采桑》
清代改琦绘，曹贞秀书，纸本墨笔，美国大都会艺术博物馆藏

改琦（1773—1828），字伯韫，号香白，又号七芗、玉壶山人、玉壶外史、玉壶仙叟等。松江（今上海市）人，工人物、佛像、仕女，笔意秀逸潇洒，喜用兰叶描。其笔下仕女衣纹细秀，树石背景简逸，造型纤细，敷色清雅，时人称为"改派"。曹贞秀（1762—1822），字墨琴，自署写韵轩，安徽休宁人，画家曹锐之女，诗人王芑孙之妻，侨居吴门。她诗、书、画、绣俱能，尤以小楷书法为佳，士林重之。

这套《列女图》册页共十六开，改琦绘像，曹贞秀小楷书诗，书、画皆清雅韶秀。这幅图画的是罗敷采桑，典故出自汉乐府《陌上桑》。画面上美人与桑树皆修长纤秀，颇有"柔条纷冉冉，落叶何翩翩"的韵致。

秦

双手持着杵舂捣谷物

昔为形与影，今为胡与秦 ——傅玄

❶　　　　❷

中国第一个大一统的帝国秦朝为何以"秦"为名？这要追溯到周孝王时期，分封非子，"邑于秦，使复续嬴氏祀，号曰秦嬴"。据此则"秦"是早已存在的地名。秦人在秦地慢慢发展壮大，到了秦襄公时期，因护送周平王有功，遂得以跻身诸侯之列而立国，国号即为"秦"。

秦，甲骨文字形❶，这是一个会意字，上面是双手持杵，下面的禾苗垂着头，表示成熟了，整个字形会意为双手持杵舂禾。甲骨文字形❷，另一根不同形状的杵。金文字形❸，垂着头的禾苗栩栩如生。金文字形❹，又是一根不同形状的杵，这个字形为小篆打下了基础。小篆字形❺，紧承金文字形而来，下面的禾苗简化成了一株，不过还是垂着头。

《说文解字》："秦，伯益之后所封国，地宜禾。"伯益是秦人的始祖。"秦"的本义是持杵舂禾，可想而知秦地粮食产量之丰富，即许慎所言"地宜禾"。事实也是如此，所谓"八百里秦川"，历来是农业发达的地区，著名的纵横家张仪曾形容秦国"积粟如丘山"，以至于"秦富十倍天下"。据《秦律·仓律》记载，秦国国内"万

❸　　　　　　　　❹　　　　　　　　❺

石一积"的禾仓极多,位置在今西安附近的栎阳仓则"二万石一积",国都咸阳仓更是达到了惊人的十万石一积!想想"秦"字为何造成双手持杵舂禾的模样,可以想见因为粮食出产极富,人们不停地劳作,以至于以这种繁忙的景象造字,并拿来命名这个富庶之地。当然,这种得天独厚的条件也奠定了秦朝的统一大业。

《乐府诗集》中收录有晋人傅玄的一首诗,其中吟咏道:"昔为形与影,今为胡与秦。"秦始皇统一中国之后,无疑对周边国家产生了巨大的震撼,因此西域诸国就称中国为"秦",一直沿用到汉代。《汉书·西域传》载:"匈奴缚马前后足,置城下,驰言:'秦人,我丐若马。'"丐,给予。匈奴仍然用"秦人"称呼汉代中国。晋人傅玄更是将"胡与秦"对举。古代印度称中国为"支那",就是"秦"的音译,佛教典籍中屡见不鲜,并没有轻蔑之意。

秦地为天下之粮仓,当然得益于灌溉便利,国都咸阳有泾河、渭河、沣河等大大小小八条河流,因此刘熙在《释名·释州国》中给"秦"下了这样一个名义:"秦,津也,其地沃衍有津润也。"虽然是以音释义,但是也准确地道出了秦地之所以产粮丰富的根本原因。

嗇

把麦子收入粮仓

> 坤为地，为母，为布，为釜，为吝嗇
>
> ——《易经》

❶ ❷ ❸

"嗇"这个字今天不单独使用，组词也仅用于"吝嗇"。如果说一个人"吝嗇"，那是语感极为严重的羞辱。不过，"嗇"最初被造出来的时候，可完全没有这样的贬义成分。

"啬"的繁体字是"嗇"，甲骨文字形 ❶，这是一个会意字，上面是一穗小麦，下面是谷仓，会意为将小麦等收获的粮食收入粮仓。甲骨文字形 ❷，下面粮仓的样子更形象。甲骨文字形 ❸，上面是两穗小麦，下面是"田"，会意为从田里收获小麦。甲骨文字形 ❹，这座粮仓的样子更是栩栩如生，连屋顶都画出来了。金文字形 ❺，上面小麦的样子有些变形。金文字形 ❻，下面的粮仓变成了"回"字形结构，为小篆字形 ❼ 的讹变打下了基础。

《说文解字》："嗇，爱濇也。"爱濇即爱惜。这是引申义，"嗇"的本义是收获农作物，因此"田夫谓之嗇夫"。古时年终要举行蜡祭，祭祀与农事有密切关联的八种神，其中两种是先嗇和司嗇，先嗇即神农氏等农业始祖，司嗇即农神后稷。

"嗇"为什么用小麦来会意呢？徐灏解释得非常清

❹ ❺ ❻ ❼

楚:"《本草》云:'麦为五谷之长。'《夏小正传》云:'麦实者,五谷之先见者也。'"将小麦收入粮仓,顺理成章地引申为爱惜粮食,又引申为吝惜,过分爱惜自己的财物,当然就是"吝啬"了。不过鲜为人知的是,"吝啬"最初却是一个不折不扣的褒义词!

古人认为乾为天,坤为地,《易经·说卦》篇有这样一段描述:"乾为天,为圜,为君,为父,为玉,为金,为寒,为冰,为大赤,为良马,为老马,为瘠马,为驳马,为木果;坤为地,为母,为布,为釜,为吝啬,为均,为子母牛,为大舆,为文,为众,为柄。"

孔颖达解释说:"乾既为天,天动运转,故为圜(huán)也;为君为父,取其尊道而为万物之始也;为玉为金,取其刚之清明也;为寒为冰,取其西北寒冰之地也;为大赤,取其盛阳之色也;为良马,取其行健之善也;为老马,取其行健之久也;为瘠马,取其行健之甚,瘠马,骨多也;为驳马,言此马有牙如倨,能食虎豹;为木果,取其果实著木,有似星之著天也。"

又说:"坤既为地,地受任生育,故谓之为母也;为布,取其地广载也;为釜,取其化生成熟也;为吝啬,取其地生物不转移也;为均,取其地道平均也;为子母牛,取其多蕃育而顺之也;为大舆,取其能载万物也;为文,取其万物之色杂也;为众,取其地载物非一也;为柄,取其生物之本也。"

"为吝啬，取其地生物不转移也"这句解释仍嫌含糊，高亨先生则解说得更加清晰："地生养草木，草木固植于一处，不能自移，且离地即死，是地保守其财物也。"原来，"吝啬"是大地母亲（坤）的美德之一，即保养大地上的一切生物，不使一切生物因为转移而死去。这个解释恰是"啬"的字形的形象写照。"吝啬"的本义渐渐失去，移用到人的身上，才变成一个贬义词。

春

❶　　　　❷　　　　❸

双手持杵在石臼中捣碎谷物

诞我祀如何，或舂或揄，或簸或蹂　——《诗经》

"春"今天已不属于常用字，但在古人的日常生活中却是非常重要的一个字，因此造得非常早。从这个字身上，我们可以窥见古人农事的一个侧面。

舂，甲骨文字形❶，这是一个会意字，下面是一个石臼状的器具，上面是两只手持着一根杵，会意为双手持杵捣碎谷物。甲骨文字形❷和❸，杵的两旁还有溅出的谷粒。甲骨文字形❹，下面很明显是石臼的形状。金文字形❺，上面杵的样子更加形象。小篆字形❻，紧承甲骨文和金文字形而来。楷书字形变形得很厉害，上面讹变成了"春"字头。

《说文解字》："舂，擣粟也。从廾持杵临臼上……古者雝父初作舂。""擣"通"捣"；"粟"即谷子；"廾（gǒng）"是两手捧物之形；"雝父"即雍父，相传是黄帝的大臣，杵臼的发明者。先民最初用双手持杵捣碎谷物，汉代时发明了石碓（duì），脚踏驱动，上面绑缚的锤子或石头落下时砸在石臼中，从人力转而借用机械之力。桓谭在《新论·离车》篇中评论道："宓牺之制杵臼，万民以济，及后世加巧，因延力借身重以践碓，而利十倍杵舂；又复设机关，用驴、骡、牛、马及役水而舂，其利乃且百倍。"

❹ ❺ ❻

段玉裁因此感慨"失圣人劳其民而生其善心之意矣"。

《诗经·生民》是周人吟咏始祖后稷的诞生和播种五谷的诗篇,其中有"诞我祀如何,或舂或揄,或簸或蹂"的诗句,这是描写祭祀先祖的情景。"舂"是舂米,"揄"是将舂好的米从臼中取出,"簸"是扬米去糠,"蹂"通"揉",用手搓去谷皮。舂、揄、簸、蹂,正是收获谷物后一系列农事活动的形象写照。

据《周礼》载,周代专设有舂人一职:"舂人掌共米物。祭祀,共其齍盛之米;宾客,共其牢礼之米。凡飨食,共其食米。掌凡米事。""齍(zī)盛"指盛在祭器内的谷物,以供祭祀之用;"牢礼"指用牛、羊、猪三牲宴饮宾客之礼;"飨(xiǎng)食"指飨礼和食礼,都是隆重的宴饮宾客之礼。

"舂人,奄二人,女舂抭二人,奚五人。"舂人之职由两位阉割的奄人担任;其下还有两位女舂抭,"抭(yǎo)",从臼中舀取舂好的谷物;五位奚,"奚",女奴。"女舂抭"和"奚"都是女奴,因犯罪或者被俘而罚为苦力,舂人役使女犯劳作的场所就称作"舂市"。

有趣的是,双手持杵舂米,必须用力才能将谷物捣碎,因此"舂"又训为撞。周代有一种名为"舂牍"的乐器,《释名·释乐器》解释说:"舂,撞也;牍,筑也。以舂筑地为节也。""舂牍"用大竹筒制成,长者七尺,短者一二尺,凿通后两头开孔,髹(xiū)画,用赤黑色的漆涂饰,演奏时双手持以顿地,就像舂米的动作一样,故称"舂牍"。

《耕织图·耕第十八图·舂碓》
（传）元代程棨摹楼璹绘本，纸本设色，美国弗利尔美术馆藏

    弗利尔美术馆所藏这套元程棨摹楼璹《耕织图》，清代藏于圆明园，1860年英法侵略北京时掠走，共两卷，计耕图二十一幅，织图二十四幅，各附标题及五言诗一首。此套《耕织图》描绘细致，画风朴实，充满田园气息。

    这幅是《耕图》第十八幅，描绘了农人舂米的情景。一种是纯人工，几个壮劳力围着一个大石臼，正汗流浃背地挥杵捣米。一种是借助机械，后面一人手扶木栏，脚踏地碓舂米。旁边几人拿着簸箕，将舂过的米簸去谷壳。诗云："娟娟月过墙，簌簌风吹叶。田家当此时，村舂响相答。行闻炊玉香，会见流匙滑。更须水转轮，地碓劳蹴踏。"整个劳动场面辛苦又热烈。

双手照顾躺着的猪

民食刍豢，麋鹿食荐，蝍蛆甘带，鸱鸦嗜鼠

——庄子

❶

"豢"这个字如今只用于"豢养"一词，而且是地地道道的贬义词，被收买并利用就叫"豢养"。不过在古代，"豢养"从来不是贬义词，而是喂养、供养的意思，是一个中性词，用于君臣之间时则含有褒义，比如苏辙在《代张公安道乞致仕表》一文中说："君臣之际，非独以爵禄豢养为恩；进退之间，固将以名节始终为意。"

豢，甲骨文字形 ❶，这是一个会意字，中间是一只躺卧着的猪，两旁是两只手，会意为照顾管理猪。徐中舒先生则说"像抱持之以见豢养之义"。甲骨文字形 ❷，这个字形更加有趣，中间躺卧着的猪肚子里还有一只小猪仔。这是一只怀孕的母猪，被主人的两只手加以照顾的样子栩栩如生。小篆字形 ❸，变形得非常厉害，下面则定型为"豕"。

《说文解字》："豢，以谷圈养豕也。"养牛羊叫"刍"，养犬豕叫"豢"。"刍"是喂牲畜的草，牛羊是草食动物，故有"反刍"一词；狗和猪则用谷物等粮食喂养。二者合称"刍豢"，泛指牛羊猪狗等牲畜的肉。庄子在《齐物论》中写道："民食刍豢，麋鹿食荐，蝍蛆甘带，鸱鸦嗜鼠，四者孰知正味？""荐"是甘草，甜美的草；"蝍蛆"

即蜈蚣;"带"是一种虫子,也有人说是蛇;鸱(chī)是猫头鹰。这句话的意思是:人们吃牲畜,麋鹿吃甘草,蜈蚣嗜好小虫子,猫头鹰和乌鸦喜欢吃老鼠,人、麋鹿、蜈蚣、猫头鹰和乌鸦谁知道自己所食的是纯正的滋味呢?

猪是中国古代最早驯养的六种牲畜之一,因此"豢"引申而泛指饲养。《正字通》曰:"凡畜养禽兽,皆曰豢。"稀奇的是,古时竟然有豢龙之术!《左传·昭公二十九年》载:"古者畜龙,故国有豢龙氏,有御龙氏。"

"昔有飂叔安,有裔子曰董父,实甚好龙,能求其耆欲以饮食之,龙多归之。乃扰畜龙,以服事帝舜。帝赐之姓曰董,氏曰豢龙。"由此可知,董姓即是豢龙氏的后裔。

"有陶唐氏既衰,其后有刘累,学扰龙于豢龙氏,以事孔甲,能饮食之。夏后嘉之,赐氏曰御龙。"由此可知,刘姓即是御龙氏的后裔。

"龙一雌死,潜醢以食夏后。夏后飨之,既而使求之。惧而迁于鲁县,范氏其后也。""醢(hǎi)"是肉酱。一条雌龙死了,刘累偷偷地剁成肉酱给夏王孔甲吃,孔甲觉得很好吃,吃完还要,刘累哪有那么多条龙给孔甲吃啊,只好迁居到鲁县。由此可知,范姓也是御龙氏的后裔。

古人称"马八尺以上为龙",因此"豢龙"也用作良马之名。据《梁书》记载,河南国向梁武帝献"舞马",能够按照节拍跳舞的马,张率写了一篇赋,其中有"軨服乌号之骏,騊駼豢龙之名"的描述。"軨(líng)服"指车马,"乌号"指良弓,"騊駼(táo tú)"和"豢龙"皆是良马之名。

襄

种植农作物的『解衣耕』之法

跂彼织女，终日七襄 ——《诗经》

❶　　　　　　❷　　　　　❸

"襄"是一个非常有趣的汉字。这个字被先民们造得复杂无比，但同时又精确地反映了先民日常生活的习俗及其细节。

襄，金文字形❶，这是学者们公认的"襄"字，毫无疑问是一个复杂的会意字。这个字形的外面包了一层"衣"，里面的字符都代表什么东西，很费人思量。我们先来看看许慎在《说文解字》中根据小篆字形❻所做出的释义："汉令：解衣耕谓之襄。"段玉裁注解说："此襄字所以从'衣'之本义，惟见于汉令也。"许慎的意思是说，根据汉朝的律令，"襄"就是解衣而耕。

什么叫"解衣耕"？字面意思就是脱掉衣服耕作。明清大儒王夫之就是这样理解的，在《说文广义》一书中，他说："解衣耕谓之襄，劳之甚也。《书》曰：'思曰赞赞襄哉！'劝其勤也。故相承为勤劳成事之辞。谥法：'辟土有德曰襄。'言如农之冒暑释衣，以务垦土也。"王夫之的意思很明白，所谓"解衣耕"，就是指农民冒着酷暑，脱掉衣服，以方便耕作。这个解释非常奇怪，脱掉衣服耕作有必要小题大做地专门列入"汉令"吗？脱掉衣服耕作又为什么称作"襄"呢？

❹

❺

❻

其实，王夫之的解释属于望文生义。已故训诂学大师陆宗达先生在《训诂简论》一书中则如此解释："'解衣耕'是一种种植农作物的方法。'衣'指地的表皮，并非衣裳之衣……在天气干旱时，把又干又硬的土皮扒开，然后用表层下湿润的土播种撒籽，再用表层的土覆盖上去，以待其发芽成长，古代管这种播种方法叫'襄'，其作用是保持墒情。"

按照陆宗达先生的解释，那么金文字形❶中外面那层"衣"指地的表皮，表皮的"衣"里面，上部的小圆圈代表种子，种子下面是挖开后敞口的土坑，右下角是一只手，左下角是挖出的表层又干又硬的"土"。整个字形就是这样会意的，这就叫"解衣耕"。

襄，金文字形❷，请注意这个字形中没有外层的"衣"，最上面的种子用"田"来替代，表示是在田中耕作。右下角还是那只手，不过添加了一个工具，表示手持农具播种。金文字形❸，同样没有外层的"衣"，上面的种子已经发芽了。《说文解字》中收录的古文字形❹，与前面三个字形差别甚大，两只手在上面，持着一根杵状的农具在挖坑，左右的四撇是挖出的土的形状，最下面还添加了一只脚。三国时期所立的《三体石经》字形❺，与古文字形大同小异，略有变形。小篆字形❻，"衣"里面的各个字符完全失去了本来的样子，以至于许慎认为这是声符。

不过，王连成先生在《从郭店简〈成之闻之〉和〈语丛四〉的'讓'和'壤'字看汉字源流和演化》一文中提出了一个疑问，那就是只有金文

字形 ❶ 有外层的"衣",因而"对其他不含有'衣'的字形无效",因此他认为"此字字形所表达的字义(本义)当为制作陶器",金文字形 ❶ 和 ❷ "两字中上部的圆环为象形字素,表示正在制作的陶坯",古文字形 ❹ 和《三体石经》字形 ❺ "中的喷射形笔画表示做陶坯时转盘上(无转盘时双手作环形运动)有泥水甩出"。甚为有趣,可备一说。

播种时需要众人合力,共同耕作,因此"襄"引申为襄助;播种是过程,完成则是结果,因此"襄"又引申为完成、成就;播种是一个反复不断的动作,因此"襄"又引申为反复,比如《诗经·大东》中的诗句"跂彼织女,终日七襄",这是形容织女星在白昼移动了七次位置,当然是反复之意。

《御制耕织图·耕第二图·耕》

清代焦秉贞绘,康熙三十五年(1696)内府刊本,美国国会图书馆藏

这是《耕图》第二幅,描绘农人早春赶牛初耕情景。诗云:"东皋一犁雨,布谷初催耕。绿野暗春晓,乌犍苦肩赪。我衔劝农字,杖策东郊行。永怀历山下,往事关圣情。"耕,即把土地翻开松土,是非常具有仪式化的一个举动,古代帝王还要进行象征性的亲耕。春耕的农具要在二月二"龙抬头"之日备好。耕田十分费力,在没有农业机械的年代,牛是农民最得力的助手。虽然春寒料峭,图中的农人却只穿单衣,卷袖赤足,也难怪前人会曲解"襄"为"解衣耕"了。

历

农人的双脚走过栽植整齐的禾苗

蓬头挛耳，龇唇历齿
　　——宋玉

❶

❷

摆在我们面前的这个"历"字，一望而知是形声字，从厂（hàn）力声。但是如果问一句这个字为什么当作经历、历史讲，相信很多人都会哑口无言。事实上，"历"是"歷"和"曆"的简化字，"歷"指经历、历史，"曆"则指日历、历法。

歷，甲骨文字形 ❶，可以清楚地看出，上面是两株禾苗，下面是一只左脚。甲骨文字形 ❷，下面是一只右脚。

造字的先民到底想用这两株禾苗表示什么意思呢？我们来看看《说文解字》的释义："秝，稀疏适也。"南唐学者徐锴解释说："适者宜也。禾，人手种之，故其稀疏等也。"张舜徽先生在《说文解字约注》一书中进一步解释说："立苗欲疏，秝字实像稀疏适宜之意。"也就是说，农人栽种禾苗的时候，间距要稀疏合适才能长得好。因此，两株禾苗的"秝（lì）"字其实就是"歷"和"曆"字的本字。

而下面的一只脚，则很显然是农人的足迹，或表示农人栽种禾苗时的足迹，或表示农人在田间踏看巡视的足迹。

歷，甲骨文字形 ❸，上面变成了两"木"，当然也

❸ ❹ ❺

可以理解为山林，但甲骨卜辞中以两"禾"为最多，因此两"木"应该视作两"禾"的省写。金文字形❹，上面添加了一个表示山崖的"厂"，意为崖前的庄稼地里，农人在栽种或巡视；下面则定型为"止"，即脚。小篆字形❺，大同小异。

《说文解字》："歷，过也。"张舜徽先生解释说："歷之言秝也，谓足之所至，其迹秝秝可数也……歷之本义为足所过，引申为一切经过之称。"也就是说，"歷"的本义即指农人的足迹经过栽植整齐的禾苗；而禾苗的间距稀疏适宜，一棵一棵历历可数，因此引申为一个一个物体清晰分明，比如"历历在目"这个成语，形容所有的东西都清清楚楚地呈现在眼前。

而如果把"歷"下面的"止"换成"日"，就造出来"曆"字，从字面意思看是指太阳运行过栽植整齐的禾苗，但其实是因为农业生产与太阳等天象的运行有密切关系，因此"曆"才当作历法、日历的义项。当"歷"和"曆"不由分说一刀切地统一简化为"历"字之后，造字的本义就完全看不出来了。

战国时期楚国辞赋家宋玉的名作《登徒子好色赋》中如此描述登徒子之妻的丑陋："其妻蓬头挛耳，齞唇历齿，旁行踽偻，又疥且痔。""蓬头"指头发散乱；"挛（luán）"指蜷曲，"挛耳"即耳朵张不直，蜷曲着；"齞（yàn）"指张口见齿，"齞唇"即齿露唇外；"历齿"指牙齿稀疏不整齐，如同禾苗的间距一样，用的正是"历"字的本义；"旁行"指摇摇晃晃走路的样子；"踽偻（jǔ lóu）"指弯腰驼背；"疥"即疥疮，"痔"即痔疮。宋玉下笔，真是刻薄！

艺

跪在地上种植草木

> 不兴其艺，不能乐学 ——《礼记》

❶ ❷ ❸

作为简化字的"艺"，上草下乙，完全不明白跟技艺、艺术等义项有任何关系；即使是"艺"的繁体字"藝"，也仍然不知所云。原来，"藝"的本字就是字形中间的"埶"。

埶，甲骨文字形❶，右边是一个跪坐着的人，左边是一棵草或木。甲骨文字形❷，这个人把草或木种在了地上。甲骨文字形❸，手的形象更夸张，显然是在强调用手种植的意思。金文字形❹，实在是太美丽的姿态和动作！金文字形❺，草木的下部添加了一个"土"，表示把草木种在土中。小篆字形❻，左右两边都有所变形。

《说文解字》："埶，种也。从坴丮，持而种之。""坴（lù）"指大土块，显然是字形中草木和土的讹变；"丮（jǐ）"指以手持握，显然是字形中跪坐之人和手的讹变。也就是说，本来应该写作从坴从丮的这个字，写成了"埶"。

至于"埶"为什么又繁化为"藝"，原因和过程大概有三点：一是因为"埶"拿去作了偏旁，比如势（勢）、热（熱）、亵（褻）等字；二是因为与草木有关，再给它加上草字头变成"蓺"；三是因为广义上的种植草木之事，不仅包括栽植，也包括除草，因此又加上下面的

❹

❺

❻

"云",跟草字头组成"芸",表示除草之意。"藝"字就这样变得臃肿起来,而它清新可喜的本来模样也就这样慢慢消失了。

《诗经·小雅·楚茨》有诗"我艺黍稷",即我种植黍子和谷子的意思。《诗经·国风·南山》有诗"艺麻如之何?衡从其亩",意思是种麻应该怎么做?要纵横耕耘田亩。《孟子·滕文公上》篇中有"后稷教民稼穑,树艺五谷,五谷熟而民人育"之句,"树"和"艺"并举,均指栽种五谷。这些用例中的"艺"都是使用的本义。

不管是种草、种树还是栽种农作物,都是一门技能,因此引申为技艺、艺术。《礼记·学记》论为学之道曰:"学,不学操缦,不能安弦;不学博依,不能安诗;不学杂服,不能安礼;不兴其艺,不能乐学。"

"缦(màn)"指琴瑟上的弦索,如果不先学调弄弦索,则手指不便,弹琴时也就不能安弦中声;"博依"指广泛的譬喻,诗歌有比兴的技巧,"比"即比喻,"兴"是起兴,借别的事物引起诗歌的发端,不先学这两种技巧,就不能使诗歌安正完善;"杂服"指各色服制,不先学各色服制,就不能谙熟服饰制度的各项礼制;"艺"即礼、乐、射(射箭)、御(驾车)、书(识字)、数(计算)六艺,不喜欢学习这六种技能,就不能乐于为学的正道。

先秦时,中国的教育模式为通识教育,以上论述的为学之道,指的是要先广泛涉猎各种庞杂的知识,在此基础之上,才能掌握正确的学问。

刍

用手拔草

为刍灵者善 ——《礼记》

❶

❷

"刍"这个字今天已经很少单独使用,而是作为声旁出现在雏、皱、邹等汉字之中。不过在古人的日常生活中,"刍"的重要性远远超出今人的想象。

刍,甲骨文字形❶,右边是一只手,左边是两棵草。甲骨文字形❷,手和草改变了方向。金文字形,变成了上下结构。从这个字形看得很清楚,"刍"就是用手薅草、拔草之意。小篆字形❹,一只手增繁为两只手,而且手的样子也不太像了。这就是繁体的"芻"字,如今简化后的"刍"倒更符合甲骨文和金文的原始字形,但是却看不出拔草之形了。

《说文解字》:"刍,刈草也。象包束草之形。""刈(yì)"即割,刈草即割草。许慎根据小篆字形,把两只手的象形误认作包裹着草的样子。

"刍"既可作名词,又可作动词。作名词时,或指割草之人,比如甲骨卜辞中有"羌刍"的称谓,羌人是游牧部落,殷商王室把俘虏中的羌人择取出来,命他们从事畜牧生产;或指喂牲口的草料,比如《诗经·小雅·白驹》中有"生刍一束"的诗句,用一束生草来喂马;或指吃草的牲口,比如食草的牛羊称"刍",食谷的犬

❸

❹

豕称"豢",合称"刍豢"。相应地,"刍"作动词时,或指割草这种行为,或指用草喂牲口。

除了以上义项之外,"刍"还有一个极为重要的用途,即用草扎成人和各种动物,用于祭祀或为死者殉葬。老子《道德经》中有"天地不仁,以万物为刍狗;圣人不仁,以百姓为刍狗"的名句,"刍狗"就是草扎的狗。老子的意思是说:天地和圣人无所谓仁或不仁,对待万物和百姓就像对待刍狗一样,任其自生自灭。

《庄子·天运》篇中描述过"刍狗"的命运:"夫刍狗之未陈也,盛以箧衍,巾以文绣,尸祝齐戒以将之。及其已陈也,行者践其首脊,苏者取而爨之而已。"

"箧(qiè)衍",竹制的长方形箱子;"尸祝",祭祀时的主持人;"齐",通"斋";"苏者",割草的人;"爨"(cuàn),烧火做饭。

这段话的意思是:刍狗还没有陈设出来用于祭祀的时候,盛在竹箱里,覆盖着绣巾,尸祝斋戒后迎送它。等到祭祀过后,走路的人踩踏它的头和背,割草的人捡回去烧火做饭而已。此即老子所言"以万物为刍狗"的道理。

古时把殉葬用品称作"明器"。《礼记·檀弓下》载:"涂车刍灵,自古有之,明器之道也。孔子谓为刍灵者善,谓为俑者不仁,殆于用人乎哉!"

"涂车"指泥车，"刍灵"指草扎的人、马，自古以来就有，乃是丧葬之事使用明器之道。孔子认为发明刍灵的人有仁善之心，而发明偶人"俑"的人则不仁，因为用偶人殉葬，接近于用活人殉葬。

　　孟子在《梁惠王上》篇中总结说："仲尼曰：'始作俑者，其无后乎！'为其象人而用之也。"最早用俑来殉葬的人，他们一定会断子绝孙的！可见孔子对用偶人来殉葬这一恶习的极度厌憎。

《诗经·小雅·鸿雁之什六篇图卷·白驹》
(传)南宋马和之绘,赵构书,绢本设色,美国大都会艺术博物馆藏

《诗经·小雅·鸿雁之什六篇图卷》是根据《诗经·小雅·鸿雁之什》中的六首诗所绘。这幅描绘的是《白驹》一首的诗意。《毛诗序》认为此诗是大夫刺周宣王不能留用贤者于朝廷。诗共四章,回环往复,写客人欲去,主人苦心挽留。画面描绘的应是最后一章:"皎皎白驹,在彼空谷。生刍一束,其人如玉。毋金玉尔音,而有遐心。"客人已乘上白驹将入空谷而去,主人知其不可留,以"生刍一束"秣马,希望以后仍能"相闻而无绝"。"白驹"作为一种意象广泛存在于后世历代文人墨客的作品中,常用来代指志行高洁的人。

臼

凿出凹槽的舂坑

断木为杵，掘地为臼
——《周易》

❶

《后汉书·吴祐传》记载了一则逸事："时，公沙穆来游太学，无资粮，乃变服客佣，为祐赁舂。祐与语大惊，遂共定交于杵臼之间。"

胶东人公沙穆游学于太学，因家贫而换服为佣，来到为官的吴祐家里，担任舂米之职。吴祐偶尔与之交谈，大惊，于是两人定交，此之谓"杵臼之交"，比喻身份悬殊的朋友相交而不分贵贱。

"杵（chǔ）"是舂米所用的棒槌，"臼"则是舂米的容器。我们来看看这个字是怎么造出来的。

甲骨文中还没有发现"臼"字，也许可以说明杵臼的发明较晚，金文字形❶，这是一个非常明显的象形字，像一个下凹的舂坑之形，其中的四点，乃是坑壁上凿出的齿状凹槽，用以增加舂磨时的摩擦力。小篆字形❷，大同小异。今天使用的"臼"字，出于写作便利的缘故，将其中的四点省作两短横。

《说文解字》："臼，舂也。古者掘地为臼，其后穿木石。象形。中，米也。"许慎误将其中的四点释义为所舂之米。张舜徽先生在《说文解字约注》一书中解释说："太古掘地为臼，米与土自相杂，故重

❷

在择米；其后既穿木石为臼，而米渐纯洁，故石臼至今用之。"今天日常生活中所使用的石臼，里面仍然有凿出的凹槽。

《周易·系辞》中写道："断木为杵，掘地为臼，杵臼之利，万民以济。"据说杵臼是黄帝的大臣雍父发明的。

段玉裁说："引伸凡凹者曰臼。"其实并非"凡凹者为臼"，比如人的口腔后方两侧、上下颌各六个的槽牙，其形如臼，故又称"臼齿"。后世之臼多为石制，能够长久使用，因此"臼"又引申为陈旧、一成不变的老套子，比如"窠臼"一词。

晚唐著名博物学家段成式所著《酉阳杂俎》中收录了一个有趣的故事："卜人徐道昇言江淮有王生者，榜言解梦。贾客张瞻将归，梦炊于臼中。问王生，生言：'君归不见妻矣，臼中炊，固无釜也。'贾客至家，妻果卒已数月，方知王生之言不诬矣。"

王生竟至于张榜公示自己的解梦本领，可见非常自信。"贾（gǔ）客"指商人，商人张瞻梦见自己在臼中做饭，王生为之解梦道："在臼中做饭，是因为没有釜的缘故。""釜（fǔ）"是铁锅，谐音为"妇"，"无妇"即指张瞻的妻子病逝。后世遂用"炊臼""炊臼之梦""炊臼之戚"或"臼中无釜"来比喻丧妻。比如明人李濂所作《悼亡杂诗》之九，开篇就吟咏道："鼓盆歌底事，炊臼梦堪疑。""鼓盆"用庄子丧妻鼓盆而歌的典故，和"炊臼"一样，都是丧妻之意。

三支麦穗长得一样高

乃命大酋，秫稻必齐 ——《礼记》

❶

物品摆放整齐，换作是你，会怎么造"齐"这个字？古人造字"近取诸身"，因此一定会从身边最常见、印象最深刻的现象或习俗来造字，"齐"字也不例外。

"齐"的繁体字是"齊"，甲骨文字形❶，倒是极为简省，由三个相同的字符组合而成。这三个字符，有学者认为表示大量种子破土而出，但是与别的甲骨文字形中臃肿的种子之形相比，并不相像；有学者认为像三支箭头，东夷之人善射，因此齐国以此为国名，但是与别的甲骨文字形中的箭头之形相比，却并没有契刻成这个样子的；白川静先生在《常用字解》一书中认为"头发上插有三支簪之形"，但是这三支簪的形状未免过于奇特。

齐，金文字形❷，大同小异。小篆字形❸，增饰繁化，反而变得更复杂了。《说文解字》："齐，禾麦吐穗上平也。象形。"徐锴解释说："生而齐者莫若禾麦。二，地也。两旁在低处也。"王筠则指出"齐"的古文字形三支穗的上面是平的，"三平无参差。此参差者，作篆者配合之，取适观耳。又加二以像地形"。张舜徽先生也在《说文解字约注》一书中说："生物之长植在地面而至平齐者，无踰禾麦，故造字时取象焉。"

❷　　　　　　　　❸

也就是说,"齐"的字形乃是三支禾麦所吐的穗齐平之状,古代中国是农业社会,农事最为常见,因此以之取象。不过笔画化的篆体字无法保持三穗齐平之状,不仅因为"取适观耳",为了美观的缘故,还因为三穗齐平太挤占书写的位置,因此改为参差之态。再添加一个二表示同一片土地上长出来的禾麦才会齐平。正如徐中舒先生在《甲骨文字典》中的总结:"像禾麦吐穗似参差不齐而实齐之形,故会意为齐。"

《礼记·月令》篇如此描述冬季的第二个月酿酒之事:"乃命大酋,秫稻必齐,曲糵必时,湛炽必洁,水泉必香,陶器必良,火齐必得。兼用六物,大酋监之,毋有差贷。"

"大酋",酒官之长;"秫(shú)",黏性高粱,秫、稻必须要选择同时成熟的,这里用的就是"齐"的本义;"曲(qū)",把粮食蒸过,发酵后再晒干,制成酒曲,"糵(niè)",用发芽的谷物酿酒,酒精度较低,制作曲糵一定要适时;"湛",浸渍,"炽",火炊,浸渍和蒸煮曲糵时一定要清洁;酿酒所使用的井水和泉水一定要甘美;所盛的陶器一定要精良;酿制的火候必须适中。以上六种条件齐备之后,方才开始在大酋的监督之下酿酒,不允许有任何差错。

"齐"由齐平的本义引申为整齐、平等、齐备等诸多义项。更有趣的是,祭祀前的斋戒要整理自己的身心,使身心整齐、肃敬,因此"齐"又引申为斋戒,这个义项后来写作"斋",二者可为通假字。

《春畴麦浪图轴》
清代袁耀绘，绢本设色，北京故宫博物院藏

　　袁耀，生卒年不详，清代画家，字昭道，江都（今江苏扬州）人。袁江之侄，一说其子。"二袁"是清初扬州重要画家。工山水、楼阁、界画，画风精致工整。袁耀还画过一些村园田居类作品，这幅《春畴麦浪图轴》即其一。
　　这幅画展现了广阔的麦田，远处春山隐隐，有桃花盛开。近景是农家院落，茅屋篱笆。整个画面是一派富有生气的田园风光。全画以素淡的青绿为主调，清新悦目。细看田间人物，似是一个年轻女子带着两个孩子回娘家的情景，一儿跑前，一儿尚在襁褓，后面有人挑着行李。小院栅栏门口已有老人迎候多时，一只村犬欢跳着出去迎接，透出一股活泼的乡野谐趣。燕子飞翔，风吹麦浪，齐齐整整，青翠满目，是典型的丰收景象。

輿地篇

叠在一起的两座高大山峰

崧高维岳，骏极于天 ——《诗经》

很多人都以为"岳"的繁体字为"嶽"，其实完全错误，"岳"才是"嶽"的古字。

岳，甲骨文字形❶，这是一个象形字，像叠在一起的两座高大山峰，表示高山峻岭。甲骨文字形❷，大同小异。不过也有学者认为甲骨文字形像山上竖立的羊头之形，会意为在高山上祭祀。小篆字形❸，接近甲骨文。《诗经·崧高》中有诗："崧高维岳，骏极于天。"恰是这一字形的形象化写照。到了小篆字形❹，人们造出了一个"嶽"字，从象形字变成了形声字，《说文解字》："东，岱；南，霍；西，华；北，恒；中，泰室。王者之所以巡狩所至。从山狱声。岳，古文，象高形。"

所谓东岳泰山、南岳衡山、西岳华山、北岳恒山、中岳嵩山的五岳，其实最早的时候只有四岳。据《尚书·尧典》载："岁二月，东巡守，至于岱宗。五月南巡守，至于南岳。八月西巡守，至于西岳。十有一月朔巡守，至于北岳。"这里没有中岳嵩山的记载，直到周代方才设置了中岳，于是才有今日的"五岳"之名。

掌管"四岳"的官员也被称作"四岳"，相传是共工的后裔，因为辅佐大禹治水和掌管四岳有功，赐姓姜，

封到吕这个地方,也就是姜太公吕尚的先祖。

女婿管妻子的父亲为岳父,母亲为岳母,今天仍然还在使用这两个称谓,这两个称谓是怎么来的呢?唐代笔记小说《酉阳杂俎》讲了一个很好玩的故事。

唐玄宗李隆基要去泰山封禅,任命张说为封禅使。封禅是古代帝王祭天地的大典,一般都在泰山举行。在泰山上筑土为坛祭天,这叫"封";在泰山下的梁父山开辟场地祭地,这叫"禅(shàn)"。张说身为封禅使,全权负责封禅大典的准备工作和各种仪式。按照惯例,封禅后三公以下的官员都升迁一级,张说的女婿郑镒本来是九品官,按说应该升迁为八品官,可张说大权在手,假公济私,趁机将女婿升为五品官,五品官官服的颜色为红色。封禅后,唐玄宗举行盛大的宴会,庆祝封禅顺利结束。席间,唐玄宗看到穿着红色官服的郑镒,不明白他怎么一下子升到了五品官,就询问郑镒,郑镒无言以对。宫廷乐师,著名笑星黄旛绰在一旁打圆场,说道:"此泰山之力也。"意思是郑镒的升迁是借助封禅泰山的机会,被张说火线提拔的。

从此之后,人们就把妻子的父亲称为"泰山",妻子的母亲顺理成章地被称为"泰水"。又因为泰山乃五岳之首,号称"东岳泰山",故此妻子的父亲又称为"岳父",妻子的母亲也顺理成章地被称为"岳母",岳父母的家称为"岳家"。

岳父、岳母还有一个别称：丈人、丈母。"丈"本来是古代对长辈男子的尊称。男人年满七十岁可以得到官府赏赐的拐杖。"拐杖"的"杖"最早写作"丈"，因此"丈人"就是手持拐杖的老人。受赐拐杖是一种荣誉，故以此尊称老年男子，后来慢慢演化为对妻子父亲的专用称呼，也称作"岳丈"，妻子的母亲也就顺理成章地被称为"丈母"或者"丈母娘"了。

楚

人的脚踏进了茂密的山林

蜉蝣之羽，衣裳楚楚。
——《诗经》

"楚"这个字很有意思，甲骨文字形 ❶，上部有两棵树木，代表山林，下面是足（脚），因此"楚"是一个会意字，人的足迹踏进了山林，会意为开发山林的意思。但同时还兼有形声，下面的"足"表声。甲骨文字形 ❷，山林更加茂密，人的足迹踏进山林也更加深入。金文字形 ❸，字形变得工整起来了。小篆字形 ❹，接近金文。楷体字形的下部变成了"疋"，"疋"和"足"在上古的时候是一个字。

古代楚人自称为"楚"，是因为楚人聚居地多山林，需要开发，故称楚人、楚国。后来楚人回忆起他们的祖先，声称祖先"筚路蓝缕，以启山林"，正是纪念祖先开发山林的功劳。《说文解字》："楚，丛木，一曰荆。"这是从开发山林引申出来的意思，把一种落叶灌木或小乔木叫作"楚"，又叫"荆"，所以中原各国又称楚国为荆蛮。

早在《诗经》中就出现了"楚"这种植物的影子。《汉广》："翘翘错薪，言刈其楚。"翘读作 qiáo，本义是鸟尾上的长羽，这里比喻杂草丛生；错，杂；刈（yì），收割。这两句诗的字面意思是：众多错杂的薪柴中，我只收割其中最高的楚树，比喻众多的女子都很贞洁，而

我只选取追求其中最高洁的汉水游女。

《诗经·楚茨》中还有"楚楚者茨"的诗句，意思就是田野里生长着茂盛的蒺藜。楚木比别的灌木都长得高，众多灌木之中，最先看见的就是它，因此"楚楚"引申为鲜明的样子，比如《诗经·蜉蝣》中的诗句："蜉蝣之羽，衣裳楚楚。"形容蜉蝣的翅膀鲜明美丽。明白了"楚楚"的意思，就知道"楚楚"一词最早不能用在人身上，而只能用在植物身上。

《世说新语》中讲了一个故事。东晋名士孙绰盖了几间房子，过上了隐居生涯，他在房子前面种了一棵松树，亲自培土浇水。邻居高世远有一天对他说："松树子非不楚楚可怜，但永无栋梁用耳！"高世远用"楚楚可怜"来形容刚栽下的幼松纤弱可爱的样子，但认为孙绰种的这棵松树材质不好，不能做房子的栋梁。到了清代，许豫所著《白门新柳记》一书中用"楚楚可怜"来形容妓女患病后的样子，从此之后，"楚楚可怜"一词才开始用在女人身上，跟今天的意思一样。

有趣的是，"楚"因为枝干坚硬，还用来制成刑具，不过这种刑具最早用在念书的儿童身上，类似于戒尺的功能。《礼记·学记》规定："夏、楚二物，收其威也。""夏"是山楸木，跟荆树一样坚硬，用这两种树的枝干制成杖，以对付那些不好好学习的顽童，调皮捣蛋的时候惩戒一下。后来"夏楚"连用，泛指用棍棒进行体罚，主要用于未成年人。"楚"打在身上很疼，所以又引申出痛苦的意思，比如苦楚、酸楚。

《陶谷赠词图》(局部)

明代唐寅绘,绢本设色,台北"故宫博物院"藏

　　此图描绘的是一则历史故事。北宋初年,陶谷(穀)出使南唐,时南唐国力弱小,陶谷态度傲慢,出言不逊。南唐大臣韩熙载设计,派歌姬秦蒻兰扮作驿卒之女诱之。陶谷见秦蒻兰风姿绰约,楚楚动人,不禁邪念萌动,违背了士人"慎独"之戒,与之成一夕之好,并填词一首相赠。不日,后主设宴招待陶谷。席间,陶谷正襟危坐,威仪俨然,后主举杯令蒻兰出来劝酒唱歌,歌词即是陶谷所赠。陶谷顿时羞愧难当,狼狈至极。陶谷因这段典故成为千秋笑柄。

　　画中人物情态微妙。陶谷拈须倚坐榻上,红烛高燃。对面秦蒻兰坐弹琵琶,正是赠词前后的情景。陶谷衣冠楚楚,面露矜持,而右手已情不自禁打着拍子。右上有唐寅题诗:"一宿因缘逆旅中,短词聊以识泥鸿。当时我作陶承旨,何必尊前面发红。"陶谷若见此,恐怕愈发无地自容了。

丘

两个低矮的山头中间有块洼地

生而首上圩顶，故因名曰丘云

——《史记》

《史记·孔子世家》载："鲁襄公二十二年而孔子生，生而首上圩顶，故因名曰丘云。"司马贞索隐："圩顶言顶上窊也，故孔子顶如反宇。反宇者，若屋宇之反，中低而四傍高也。""窊（wā）"是低凹之意，这是形容孔子的头顶中间低四周高，就像中间高四周低的房屋反过来了一样，此即所谓"圩（yú）顶"。

那么，头顶凹陷的"圩顶"为什么称"丘"呢？先来看甲骨文字形❶，与"山"字对比，"山"是三个高耸的山头，而"丘"则是两个较为低矮的山头，中间还有一块洼地，即山坳。甲骨文字形❷，大同小异。南宋学者戴侗解释说："丘，小山。故其文视山而杀。"意思是说，"丘"比"山"的山头少而低。白川静先生在《常用字解》一书中则说："象形，古字形为二山之间有谷，义指山间凹地。现在，平地中隆起的小高地谓'丘'。"

还有一种意见，以徐中舒先生为代表，他在《甲骨文字典》中解释说："像穴居两侧高出地面之出入孔之形。商人多穴居，甲骨文丘则以其地面形制表示其特点……丘为穴居，由人为而成。又因丘多选择高亢干燥处凿建，其出入之孔较高，引申之，土之高者亦称丘。"穴居出

入孔的视觉形象并没有小山之形清晰可见,因此这一释义没有说服力。

丘,金文字形❸,稍有变形。金文字形❹,讹变得更厉害,从而为小篆字形打下了基础。小篆字形❺,上面讹变为两人相背之"北",《说文解字》就是根据这个讹变后的字形释义的:"丘,土之高也,非人所为也。从北从一。一,地也。人居在丘南,故从北。中邦之居,在崐崘东南。一曰,四方高、中央下为丘。"

徐灏早就提出过质疑:"此字说解未确。盖因字之上体与北同,遂误认为从北从一,又因《山海经》言昆仑之虚在西北,遂以为中邦之居在昆仑东南。取义迂远,非其指也。"

综上所述,"丘"的本义是小山丘。扬雄所著《方言》载:"冢,秦晋之间谓之坟……自关而东谓之丘。"当作坟墓讲是"丘"的引申义。上古时期实行的是简葬,用木柴把尸体厚厚地包起来,埋到野外,"不封不树",既不封土为坟,也不植树立碑。周代时开始"封树",墓上有封土,就像隆起的小山丘,因此引申指坟墓。

《吕氏春秋·安死》篇载:"世之为丘垄也,其高大若山,其树之若林,其设阙庭、为宫室、造宾阼也若都邑。以此观世示富则可矣,以此为死则不可也。""丘垄"即坟墓;"宾阼(zuò)"指堂前的台阶,包括西阶和东阶。"丘"之为坟墓,可谓豪华矣,不仅失去了上古的薄葬之风,而且也与"丘"字形中朴素的小山头的形状大相径庭了。

左

左手拿着工具干活儿

> 微管仲，吾其披发左衽矣。——《论语》

❶ ❷ ❸

左和右是对应字，先说左，甲骨文字形❶，这是一个象形字，看上去就像左手的形状。金文字形❷，上面还是左手的形状，下面添加了一个"工"字。"工"在甲骨文字形中就是工具的形状，因此金文字形的"左"字就变成了会意字，会意为左手持工具干活儿。《说文解字》："左，手相左助也。"原来"左"就是"佐"字的初文，最初是没有"佐"这个字的，用于"辅助""帮助干活儿"这个意思就用"左"字，后来人们又造了一个"佐"字，"左"才专指左手了。小篆字形❸，结构同金文。

再说右，甲骨文字形❹，跟"左"字的甲骨文字形相对，也是一个象形字，看上去就像右手的形状。其实"右"的本字就是"又"，上古的时候凡"又"字就是指右手。后来"又"字用作别的字义，人们就在"又"的下面添加了一个"口"，变成了现在我们使用的"右"。金文字形❺，看得很清楚，是在右手下面添加了一个"口"，这就变成了一个会意字。《说文解字》："右，助也。"徐锴进一步解释道："手口相助也。"原来"右"就是"佑"字的初文。最

初没有"佑"这个字,用于"帮助"这个意思就用"右"字,后来人们又造了一个"佑"字,"右"才专指右手了。小篆字形❻,跟金文一样。楷体字形大概为了写着顺手的缘故,"口"上面的右手却变成了左手。这就是"右"字的演变过程。

在古代,左、右有尊卑之分。秦汉之前古人以右为尊,因为大多数人都是使用右手,从生理习惯上来说右手方便。孔颖达解释说:"人有左右,右便而左不便,故以所助为右,不助为左。"现在也还有类似的说法,比如形容某人脾气执拗叫左性子。众所周知的"负荆请罪"的故事,起因就在于蔺相如比廉颇的功劳大,封官的时候,拜蔺相如为上卿,"位在廉颇之右",廉颇非常生气,才寻隙滋事。可见官职也是以右为尊,贬官则叫"左迁"。"无出其右"这个成语是指没有人能够战胜或者超过,这里也是以右为尊。

不过也有特殊的情况,比如车上的位置是以左为尊,空着左边的座位准备接待贵宾称"虚左以待",这是因为坐车时,赶车的人要坐在右边,右手执鞭、驾驭都方便。国君出行时,同车三人,国君坐在左边,中间是御者,右边是一位勇士。带上勇士的目的是防备不测事件发生,一旦有人行刺国君,勇士就会从右边下车,便于随时采取行动保卫国君的安全。这是由坐车的特殊性所决定的。

春秋战国时期,楚人相对于黄河流域的中原民族来说属于南蛮之人,其方位尊卑刚好跟中原相反，"楚人尚左"，以左为尊。孔子曾经感叹道："微管仲，吾其披发左衽矣。"在中原地区，人们衣服的前襟都要向右，只有死人的前襟向左，表示永远不需要脱衣服了，而边远地区的蛮夷民族刚好相反，是"左衽"，因此孔子感叹说："如果没有管仲的教化，我们就要等同于蛮夷之邦了。"

需要注意的是，皇帝面南背北而坐，右手为西，左手为东，因此地理上便以东为"左"，以西为"右"，比如江左即指江东，陇右即指陇西，跟今天从地图上看的方位刚好相反。

有飘带的高高旗杆

余其宅兹中国,自兹乂民 ——周武王

"中"这个字不仅是中国的代称,而且是儒家哲学方法论最为重要的概念。不过,这个字的起源却和旗帜有关。

先说"中",甲骨文字形❶,这是一个象形字,正中竖立着一根高高的旗杆,上、下向左飘扬的四根飘带叫"游",《说文解字》注:"游,旌旗之流也。"意思就是旌旗的飘带。旗杆中间的那个小圆圈标注位置,表明这是立中之处。金文字形❷,四根"游"改向右侧飘扬。小篆字形❸,四根"游"都省去了。

《说文解字》:"中,内也。"这只是"中"的引申义。

"中"这个字的起源为什么和旗帜有关呢?这是因为古时凡有征伐等大事,一定要先"建旗",将旌旗竖立在中央之地,众人闻之而来,聚集在旌旗之下,然后才能开始议事。东汉学者刘熙《释名·释兵》:"九旗之名日月为常,画日月于其端,天子所建,言常明也。"这是天子所建之旗。"熊虎为旗,将军所建,象其猛如虎,与众期其下也。"这是军将所建之旗,用以集合士卒,准备战事。建旗一定要建在中央之地,故又称之为

❹ ❺ ❻

"建中"。"中"的一切引申义——中间，中心，中央，里面，甚至当动词用的"射中"等义项全部都由此而来。

再来说"国"，甲骨文字形❹，左边表示疆域，右边是一把戈，持戈保卫疆域。金文字形❺，左边同样为有边界标志的疆域，右边同样是一把戈，持戈保卫疆域。小篆字形为❻，加了一个"囗"代表国界。

《说文解字》："国，邦也。"二者的区别是："大曰邦，小曰国。"还有一种说法是："国谓王之国，邦国谓诸侯国也。"

"中"和"国"组成"中国"这个称谓，要远远追溯到三千年前。1963年，陕西宝鸡出土了一尊西周初年的青铜器，是西周宗室中一位叫何的贵族所铸，故称"何尊"。何尊底部有铭文122字，内容是周成王五年四月开始在成周（今洛阳）营建都城，对叫何的同宗小子进行训诰勉励，并赐给他贝三十朋，叫何的贵族遂铸此器纪念。其中周武王的训诰有"余其宅兹中国，自兹乂（yì）民"的句子，意思是说：我将住在这天下的中心，从这里治理民众。这是历史上第一次出现"中国"一词，虽然其意仅指以洛阳为中心的中原地区，但却开了后世称中国为"中央之国"的先河，如《释名》所说："帝王所都为中，故曰中国。"

儒家哲学方法论中最著名的"中庸"一词，最早出于孔子之口，在《论语·雍也》中他感叹道："中庸之为德也，其至矣乎！"意思是：中庸作为一种道德，它是最高的道德了！朱熹注解道："中者，无过无不及之名也。庸，平常也。"概括地说，中庸就是不偏不倚，无过无不及，恪守中道。这一思想其实来源极早，孔子在《论语·尧曰》中记述了尧对舜的要求："允执其中。"在《礼记·中庸》中他又如此夸赞舜的品德："执其两端，用其中于民……"如今把"中庸"一词当作保守、妥协、不求上进的意思来使用，跟古时"中庸之道"的思想已经完全不一样了，令人浩叹！

央

人的脖颈上戴着一面枷

夜如何其？夜未央，庭燎之光
——《诗经》

❶

❷

"央"字的字形，从古至今几乎都没有什么变化。而且"未央"一词，今天都理解为未尽，"央"明明是中央之义，为什么会具备尽头的义项呢？很多人都困惑不解。我们先来看看这个有趣的汉字是如何造出来的。

央，甲骨文字形 ❶，这是一个象形字，像一个正面站立的人，脖颈上戴着一面枷。金文字形 ❷ 和 ❸，大同小异。小篆字形 ❹，紧承甲骨文和金文字形而来。

《说文解字》："央，中央也。从大在冂之内。""冂（jiōng）"本来指城垣的边界，张舜徽先生认为家里的门作为界限也可以称"冂"，"人正立在门之中，斯中央之义所自出"。这是根据小篆字形得出的结论，与甲骨文字形中向上套住脖颈的枷形完全不符，因此"央"的本义就是人戴枷受刑，乃是"殃"的本字。白川静先生说："枷刑不是将枷锁铐在手足而是铐在身体正中的脖颈上，由此'央'有了正中、中央之义。"词义分化之后，后人为"央"添加了一个表示残骨之形的"歹"，另造出灾殃之"殃"。

《诗经·庭燎》开篇就吟咏道："夜如何其？夜未央，庭燎之光。"这是描写周宣王中兴，诸侯们不敢懈怠，

❸  ❹

前来早朝的场景。开篇即模仿周宣王的口吻,问道:"现在到了夜里的什么时候了?"庭燎是宫廷中立在地上用来照明的大烛,以苇、薪制成。夜未央,夜晚未半。有人认为是指夜晚未尽,但下文还有"夜未艾""夜乡晨"的诗句,"艾"意为久,"乡晨"即"向晨",接近清晨,可见"夜未央""夜未艾""夜乡晨"是渐进的时间描述,"未央"乃未到夜中之意,仍然使用的是"央"的本义。

据《汉书·外戚传》载,汉武帝亲自作赋纪念死去的宠妃李夫人,有"惜蕃华之未央"之句,颜师古解释说:"未央犹未半也,言年岁未半而早落蕃华,故痛惜之。"李夫人早卒,当然"年岁未半",没有活到一半的年龄就死了。

至于"未央"后来引申为令很多人困惑不解的未尽之意,这是本书中屡屡提到的汉语的一个独特现象,即反义同字或反义同词,一个字或词既可表示正面意思又可表示反面意思。具体到"未央"之"央",既可表示中央、一半,又可引申开去,表示中央、一半发展到尽头。《说文解字》:"央,一曰久也。"这就是"未央"一词为何可以表示未尽之意的由来。

"央"还有一个极为有趣的义项:央求、恳求。如果"央"像"人正立在门之内"的样子,那么这个义项就成了无源之水,完全无法解释得通。但是正如"央"的甲骨文字形所示,脖颈上戴枷必定非常痛苦,那么这位犯人哀恳求情,请求、央求狱吏给松一松的情状就是顺理成章之事,"央"的这个义项即由此引申而来。

《诗经·小雅·鸿雁之什六篇图卷·庭燎》
(传)南宋马和之绘,赵构书,绢本设色,美国大都会艺术博物馆藏

　　此图卷是根据《诗经·小雅·鸿雁之什》中的六首诗所绘。这幅描绘的是《庭燎》一首的诗意。全诗三章,用问答体,记述周宣王早晨视朝前与鸡人(报时官)的对话,描写宫廷早朝景象,赞美君王勤于朝政。诗中有问有答,有光有声。画面上,天色未明,早朝的诸侯已陆续来到,肃立阶下或两侧。銮铃声声,庭燎熊熊,显得朝仪威严,气氛肃穆。诗句是从周宣王的角度,表现急于早朝的心情和对诸侯的关切,画面则是从诸侯的角度,表现等候早朝时的静穆。当庭竖立的无数"大烛"的火焰,将未央的夜色烘托出来。

两头扎起来的一个大口袋

自西徂东，靡所定处 ——《诗经》

《诗经·桑柔》："自西徂东，靡所定处。"意思是，从西到东都没有安定之处。

东，许慎认为这是一个会意字，《说文解字》："东，动也。从日在木中。"许慎认为中间鼓着肚子的圆形代表"日"，一棵树立在日的中间，会意为太阳从东边的树木上升起来，因此用"东"这个字来代表日出的方向。

《白虎通》也说："东方者，动方也，万物始动生也。"日出万物皆动，故称"东，动也"。五行学说中，东方从木的说法即是由此而来。"东"既为动，代表阳气动了，于是古人也把春天称为"东"，比如东君就是司春之神。

"东"字中间的这棵树可不是寻常之树，而是大有讲究的神树。这棵树叫若木，也叫扶桑，生长在东方极远之地。《山海经》说："汤谷上有扶桑，十日所浴。"据说日出于扶桑树下，冉冉上升，最后从扶桑的树梢升起，照耀四方。日本之所以别称扶桑之国，就是因为日本在中国的东方，《梁书·扶桑国》："扶桑在大汉国东二万余里，地在中国之东，其土多扶桑木，故以为名。"

不过，许慎没有见过甲骨文和金文。我们来看看"东"

的字形演变。甲骨文字形❶，这是一个象形字，像两头扎起来的一个大口袋。甲骨文字形❷，中间的×形代表里面装的东西。金文字形❸，里面的东西用一横来代表。小篆字形❹，绳子捆缚之形讹变为"木"，许慎就是据此来加以解说的。楷书繁体字形❺，同于小篆。简化后的字体完全看不出造字的原意了。

从以上字形的演变可以看出，"东"就是"橐"的初文，后来"东"假借为方位词后，人们给"东"加了一个"石"，另造出"橐"字表示口袋。

那么"东"为什么会当作方位词呢？大部分学者的意见是假借为方位词；但也有一种有趣的解释，说是古人背起布袋出门远行，要参考日出的方向来辨别方位，因此"东"就引申为东方。

在古代的礼节中，"东"作为方向代表主人的位置，就是因为日出东方的缘故，宾位则相应地为西。《礼记》中规定，主人迎接客人的时候，"主人就东阶，客就西阶"。古人出面为子女聘请老师，双方商妥报酬待遇之后，主人宴请老师，就请老师坐在西边，所以受业的老师尊称为"西席"；主人坐东朝西作陪，东面是主人的位置，故称"东家"，"做东""房东""股东"等称呼也是因此而来。

上文提到的是只有主客双方时的方位安排，但是如果人数众多，那么方位和座次的安排就完全不一样了。以鸿门宴的座次为例："项王、项伯东向坐，亚父南向坐，沛公北向坐，张良西向侍。"在这种场合下，坐西朝东的方向反而最尊贵，因此项羽和他叔叔项伯坐西朝东（东向）；坐北朝南的方向次之，因此项羽的谋士亚父范增坐北朝南（南向）；坐南朝北的方向又次之，因此沛公刘邦坐南朝北（北向）；张良是刘邦的谋士，只能屈居最卑的坐东朝西方向了(西向)。这些座次的礼节可一点儿都错不得。

北

两个人背靠背地站着

> 北方有佳人，绝世而独立 ——李延年

❶ ❷

"北方有佳人，绝世而独立，一顾倾人城，再顾倾人国。宁不知倾城与倾国，佳人难再得！"李延年唱给汉武帝的这首流行歌曲，吟咏的其实就是自己的妹妹李夫人。"北"为什么会作为指示北方的方位词呢？

北，甲骨文字形❶，这是一个会意字，左右两个人背靠背地站着。甲骨文字形❷，也是相同的形状。金文字形❸，人和人的后背靠得更近，也更像人弯腰曲背的样子。小篆字形❹，同于甲骨文和金文。楷体字形已经看不出来背靠背站着的形状了。

《说文解字》："北，乖也，从二人相背。""北"的本义就是"背"，后来当作指示方向的方位词后，在"北"的下面添加了一个表示躯体的"月（肉）"，来替代"北"的本义。《战国策·齐策六》："士无反北之心。"这里的"北"就是"背"的本字，三国时期的韦昭更是直接解释道："北者，古之背字。""反北"即"反背"，背叛的意思。打了败仗，逃跑的时候总是要用脊背对着敌方，因此把打败仗称作"败北"。古籍中常常有"连战皆北""三战三北"的用法，就是由此而来。又由此引申出败逃之意，西汉贾谊《过秦论》："追亡逐北，伏尸百万。"这里的"北"即指败逃者。

❸　　　　❹

古人房屋大都坐北朝南,便于采光避风,因此南面为上,北面为下。同理,皇帝的座位也是面南背北。"北"由此而引申为指示北方的方位词。《韵会》:"身北曰背。"清人朱骏声在《说文通训定声》中解释道:"人坐立皆面明背暗,故以背为南北之北。"从此方位出发,即可界定山南为阳,山北为阴。王力先生在注解《老子》"万物负阴而抱阳"这句话时说:"山北为阴,山南为阳,老子的话等于说万物负背而抱南。"这就是"北"这个字指示北方的字义的演变过程。

周代有司士的官职,职责之一是"正朝仪之位,辨其贵贱之等。王南向,三公北面东上"。国君面南,臣拜君则要"北面",面向北行礼。弟子敬师之礼亦称"北面",据《汉书》记载,西汉时期,于定国当了大官儿之后,"迎师学《春秋》,身执经,北面备弟子礼",说得很明确,"北面"遂成为师生之谊的代名词。《世说新语·赏誉》:"刘尹先推谢镇西,谢后雅重刘,曰:'昔尝北面。'"刘惔任丹阳尹,故称"刘尹";谢尚任镇西将军,故称"谢镇西"。刘惔先前曾经举荐过谢尚,谢尚当了大官儿之后,也非常看重刘惔,总是对别人说:"昔尝北面。"意思是过去我曾经做过他的弟子。

北方还有一个别称,"伏方",也是用的"北"字的本义。《尸子》:"冬为信,北方为冬。冬,终也;北方,伏方也。万物至冬皆伏,贵贱若一,美恶不异,信之至也。"冬天时阳气在下,万物伏藏,其形状就如同"北"字的甲骨文字形,相背而伏,故称北方为"伏方"。

《仿仇英汉宫春晓图》(局部)

清代佚名绘,绢本设色长卷,美国克利夫兰美术馆藏

"汉宫"仕女是传统人物画题材。明代画家仇英绘《汉宫春晓图》被称为中国十大传世名画之一,描绘宫中嫔妃生活,青绿重彩,秾丽典雅,举凡妆扮、浇花、折枝、歌舞、弹唱、围炉、调鹦、下棋、读书、斗草、对镜、戏婴等,无所不有,并融入了昭君画像等汉宫典故。此题材深受清代宫廷喜爱,后来出现了多种仿本。此本藏于美国克利夫兰美术馆,敷色艳丽,界画工整,画中具体场景与仇英之作相似而稍有变化。

这一段画面以大殿中锦茵之上着彩衣而舞的女子为中心,周围女子各持乐器为之伴奏,阶下侍女络绎穿梭,另有几位嫔妃似为观赏歌舞,袅袅行来。这部分画面似是融合了汉武帝宫廷的典故,殿中那个彩绣辉煌、衣袂飘飘的舞者,也许就是秉倾国倾城之貌、遗世独立之姿的李夫人么?

一个人蹲着

东方曰夷,被发文身 ——《礼记》

"夷"即东夷,是中原地区以东九个民族的总称,又称"九夷"。

甲骨卜辞中有借"尸"为"夷"的用法,比如"尸方"即"夷方",也写作"人方"。因此学者们多认为"夷"的本字就是"尸"。

夷,甲骨文字形❶,这其实就是"尸"字,是一个人的侧面图。徐中舒先生在《甲骨文字典》中解释说:"与人字形相近,以其下肢较弯曲为二者之别。""尸"和"人"本为一字,区别在于"人"字下肢平展,而"尸"字下肢弯曲。

"尸"和"人"为什么会有下肢弯曲与否的区别呢?徐中舒先生认为:"夷人多为蹲居,与中原之跪坐启处不同,故称之为尸人。""启处"又称"启居","启"指跪,"处"指坐,"启处"或"启居"即跪和坐,这是古人日常生活的家居姿势,因此泛指安居。

夷,金文字形❷,承继了甲骨文字形,不过更美观,人蹲着的样子更加栩栩如生。按照上述解释,"夷"是一个象形字,东方之人喜欢蹲踞,故以"夷"相称。今天山东农村还到处可见这种蹲姿。

夷，金文字形❸，为了区别于"尸"，古人又造出了这个新字。这个字形上下的主体部分显然是一支带有箭头的箭，中间的 S 形是系在箭上的绳子。这个工具叫"矰（zēng）缴"，也称"弋（yì）缴"，即系有丝绳的短箭，是古代专用的射鸟工具。这也就是我们今天使用的"夷"字。

《说文解字》："夷，平也。从大，从弓。东方之人也。"许慎是根据小篆字形❹作出的释义，中间丝绳的形状讹变为"弓"；而且"平"也不是"夷"的本义，只不过是远引申义而已。

张舜徽先生在《说文解字约注》一书中说："东方之人，习于射猎，因亦谓之夷也。"台湾学者李孝定先生在《甲骨文字集释》中也说："盖东夷之人俗尚武勇，行必以弓自随，故制字象之。"

综上所述，之所以把中原地区以东的若干民族称为"夷"，是因为这些民族的两大最引人注目的特征：一是日常生活取蹲姿，一是善射。想一想"后羿射日"的传说吧，后羿又叫"夷羿"，就是夏代东夷族的首领，以神射手著称；而且据记载上古帝王、诸侯和卿大夫家族世系传承的史籍《世本》载："夷牟作弓矢。"弓箭的发明者夷牟传说是黄帝的大臣，从名字就可以看出来是东夷之人。

《礼记·王制》中描述说："东方曰夷，被发文身，有不火食者矣。"郑玄注解说："不火食，地气暖，不为病。"孔颖达注解说："'有不火食'者，以其地气多暖，虽不火食，不为害也。""不火食"即不吃熟食，也就是我们常常说的"茹毛饮血"。

披发文身，不吃熟食，这不过是东夷各族根据气候条件而形成的风俗。《大戴礼记·千乘》中则描述说："东辟之民曰夷，精于侥，至于大远，有不火食者矣。""精于侥"指精于求利而希望获得意外的成功，到了东方的最远之处，那里的人因为气候的原因就吃生食了。

应劭《风俗通义》（佚文）中则说："东方曰夷者，东方仁，好生，万物抵触地而出。夷者，抵也。"为什么说"东方仁"？晚清学者朱骏声在《说文通训定声》中说："夷俗仁寿，有君子不死之国，故子欲居九夷也。"孔子曾有到九夷居住的念头。因此，"夷"最初并非蔑称。

南方人说话像乱丝一样听不懂

今也南蛮鴃舌之人 ——《孟子》

❶

"蛮"即南蛮,一直被视作对中原地区以南诸民族的蔑称。《说文解字》:"蛮,南蛮,蛇种。从虫。"班固《白虎通义》中也说:"蛮虫难化,执心违邪。"这都是解释"蛮"字何以从虫。

张舜徽先生在《说文解字约注》一书中对以上谬论进行了淋漓尽致的批驳:"南方多蛇,故蛮字从虫,以其习与蛇处也。习与蛇处,故南人多有驭蛇之术。余常见南人能以手捕取蛇,不受螫噬,且缠绕之于颈腰间以玩弄之,此盖远古遗俗也。蛮字从虫,义即在此。此犹北人喜逐猎,故狄字从犬;西人好畜牧,故羌字从羊耳。蛇种之说,不足信也。"

但是很多人不知道,"蛮"字其实并不从虫。甲骨文中还没有发现"蛮"字,金文字形 ❶,这是一个非常美丽的字形,中间是"言",两边是两串丝。这个字形表示什么意思呢?很显然,"蛮"字与丝、蚕有关。

何光岳先生在《南蛮源流史》一书中分析道:"蛮字正像一人挑起一担蚕山的框架……上古时候,氏族住房拥挤,在开始驯养野蚕时,只能在野蚕所分布的桑林里就地设放这种框架,把野蚕将吐丝时捉到框架上,使

❷

野蚕能有规则地围绕框架吐丝,以便在缫丝纺织时操作方便。否则,让野蚕胡乱在桑枝上吐丝,取下的丝便纷无头绪,很难纺织成布。只有到夏代以后,居住条件改善了,才有可能把野蚕移入室内饲养,逐渐变成家蚕。后来又发展成为专门饲养家蚕的蚕室,商代殷墟出土有玉蚕可证。浙江吴兴县钱山漾新石器时代晚期文化遗址,相当于商代,就发现有一批盛在竹筐里的家蚕丝织品。金文蛮字的象形结构,反映了养蚕和吐丝的过程。"

这一大段文字解释了野蚕变成家蚕的过程,但是"蛮字正像一人挑起一担蚕山的框架"的说法却不符合"蛮"的金文字形,因为很明显,这个字形的中间是一个"言"字。如果要表示"一人挑起一担蚕山"的意思,只需画出一个人形即可,没有必要下面还要加个"口",这也不符合甲骨文和金文的造字规律。

既然从"言",那么就要从南方人说话的特点来入手分析。孟子在《滕文公上》篇中写道:"今也南蛮𫛢舌之人,非先王之道。""𫛢(jué)"指伯劳鸟,鸣叫的声音类似䴗䴗(jú),故又称"䴗"。"𫛢舌"即形容伯劳䴗䴗啼叫,但叫声谁也听不懂。

因此,"蛮"的金文字形就是形容"南蛮𫛢舌之人"。南方多蚕、丝,因此经常以丝作譬喻。蚕丝如果绕在一起或为乱丝,就会毫无头绪,纷乱而理不清,南方之人的"言"就像乱丝一样绕来绕去,让北方人完全听不懂。这就是"蛮"之所以从丝从言的原因,原本是形容南方人说话的特点,属于如实写照,绝非贬称。其实直到今天,北方人听南方人说话仍然听不懂。

"蛮"的繁体字是"蠻",小篆字形❷,下面添加了一个"虫",显然这是汉代才添加上去的,此时华夷之辨已经定型,因此添加一个"虫"字作为对南方边族的蔑称,以至于许慎称之为"蛇种","蛮"的造字本义就此失去而不为人所知了,简化字将上面的两串丝省掉后更是不知所云。

《大戴礼记·千乘》中描述说:"南辟之民曰蛮,信以朴,至于大远,有不火食者矣。"诚信而又朴实,这分明是对南方民族的赞誉之词。因此,"蛮"最初并非蔑称。

《女织蚕手业草 五》(女織蚕手業草 五)
喜多川歌麿绘，约1798—1800年

　　中国的《耕织图》于15世纪末传入日本，受到广泛欢迎，影响深远。江户时代，以《耕织图》为样本绘制的"四季耕作图"和"蚕织锦绘"蔚然成风。喜多川歌麿的《女织蚕手业草》便是其中之一。这是一套系列作品，共十二幅，细致描绘了蚕织业从浴蚕、采桑到缫丝、剪帛的完整过程，画中所有劳作者均为女子，她们围绕蚕织过程日夜忙碌，顾不得仪容服饰，十分辛苦。

　　本图是第五幅，描绘的是蚕"大眠"之后女工们采桑布叶喂蚕的场景。"大眠"是指蚕的第四眠。蚕自大眠之后，食叶愈速，布叶宜愈勤，务须昼夜喂养，食尽即布，不可懈怠。每一昼夜须喂十余次。这是养蚕最吃紧的阶段，桑叶的消耗量极大，之后就要"上山"结茧了。画中女子或抱桑枝，或捋桑叶，或布叶喂蚕，合作无间，紧张有序，别有一种健康质朴的风情。

野

森林茂盛的郊外

遂人掌邦之野 ——《周礼》

❶ ❷

"野"这个字，今天所使用的义项几乎都集中于贬义，比如野蛮、粗野等，但是在古代，这个字却有着非常丰富的内涵。

野，甲骨文字形 ❶，很明显，这个字形并非后造的"野"字。两边的"木"表示两棵树，中间是"土"。罗振玉先生释为"野"，从土、林会意，意为林莽所被之地。张舜徽先生在《说文解字约注》一书中认为"古之城邑，多无树木，惟郊外有之"，因此从"林"。

野，金文字形 ❷，"土"字中间填实。有的学者继承郭沫若先生的错误，把"⊥"字符看作男性生殖器的象形，因此将这个字形释为在野外的树林里野合，这是不对的。

白川静先生在《常用字解》一书中认为"'土'为'社'之初文，社乃祭神处"，因此这个字形表示"'林'中有神社"，但"土"的本义就是土堆、土地，因此还是应该释为野外种有树木的土地为宜。

《说文解字》还收录了"野"的另外一个古文字形 ❸，添加了一个圆形和三角形交错的字符。有人认为这个字符表示土地与土地之间交错的界线；有的学者认为是"粗"右半边的误写，表示用农具在野外的土地上

耕作；罗振玉先生则认为乃是"后人传写之失"。

总之，这个极有争议的字符导致了"野"的小篆字形 ❹ 的由来：右边讹变为"予"，左边则把"林"改换为田、土结构，最终定型为今天使用的"野"字。《说文解字》："野，郊外也。从里予声。"许慎就是根据小篆字形认定为"予"表声，其实本字应该写作"埜"。

白川静先生对这个后分化出的"野"字的释义为："'里'为'田'同'土'组合之字，即祭祀田神之社的所在之地。'里'加声符'予'为'野'，可见，有社之林、有社之田为'野'之本义，后来指一般意义上的野外、乡野、粗野。"这一释义不确。

据《周礼》记载，周代有"遂人"一职，职责是"掌邦之野"，也就是说，"野"是城邑之外的地方。王力先生在《王力古汉语字典》中有极为详细的辨析："'都'是城内；'郊'是城外，是城的周围地区；'野'是郊以外的地区，是远郊区；'鄙'更是'野'中偏远的部分，是与邻国接近的地区。后代'郊'、'野'的界限逐渐泯灭，形成'都邑'（城内）、'郊野'（城外）、'边鄙'（边境）三者的对立。"

有趣的是，古时有所谓"分野"的概念，把天上的星宿分别指配对应地上的州国，用星宿来占卜州国的吉凶。比如王充在《论衡·变虚篇》中写道："荧惑，天罚也；心，宋分野也。祸当君。"由此也可见"野"距离都城的偏远，方才可以概括州国的地域。

外

在夜晚占卜

> 吉凶见乎外 ——《易经》

外，金文字形❶，这是一个会意字，据许慎解释，左边是"夕"，右边是"卜"，"卜尚平旦，今夕卜，于事外矣"。古人占卜都在白天，如果在夜晚占卜，则表明边疆出事了。"外"会意为远方，"于事外矣"即边疆有事。因此，《说文解字》解释为："外，远也。"

外，金文字形❷，左边的"夕"字里面添加了一点，右边还是"卜"。根据这个字形，有学者把左边的"夕"解释为肉形，肉形也写作"月"。古时供占卜所用的龟甲分两类，一类叫外骨，一类叫内骨。外骨是龟类的甲壳；内骨是鳖类的甲壳，鳖类外边有裙边状的肉缘，甲壳在内，故称内骨。因此，白川静先生认为"外"和"内"原为用龟甲占卜的术语，现在所使用的内、外之意为引申义。《周易》所谓"吉凶见乎外"的"外"就是占卜术语，意思是吉凶见于卦外。

外，小篆字形❸，和甲骨文、金文没有任何区别。

《礼记·曲礼上》论卜筮的规定时说："外事以刚日，内事以柔日。凡卜筮日，旬之外曰远某日，旬之内曰近某日。""外事"指郊外之事，祭祀、田猎或对外用兵；"内事"指郊内之事，宗庙祭祀。古人以十天干记日，十天

干为甲、乙、丙、丁、午、己、庚、辛、壬、癸，十日有五奇数五偶数，甲、丙、戊、庚、壬五日居奇位，属阳刚，故称刚日，外事用刚日；乙、丁、己、辛、癸五日居偶位，属阴柔，故称柔日，内事用柔日。一旬为十天，卜筮为每十天一卜，十天之外称"远某日"，十天之内称"近某日"。由此可见，"外"和"内"不仅原为用龟甲占卜的术语，而且也用作占卜日期的术语。

古时候，夫妇之间互称内、外，直到今天，老一辈人还习惯于用内子、外子互称，"内子"即称呼自己的妻子，"外子"即称呼自己的丈夫。晋、魏之前并没有这种称谓，这源起于南朝梁的一对文学夫妻的赠答诗。这对令人艳羡的文学夫妻，丈夫叫徐悱，妻子叫刘令娴。徐悱任职在外，给妻子写有两首《赠内诗》，其一曰："日暮想青阳，蹑履出椒房。网虫生锦荐，游尘掩玉床。不见可怜影，空余黼帐香。彼美情多乐，挟瑟坐高堂。岂忘离忧者，向隅心独伤。聊因一书札，以代九回肠。"刘令娴回以两首《答外诗》，其一曰："花庭丽景斜，兰牖轻风度。落日更新妆，开帘对春树。鸣鹂叶中响，戏蝶花中鹜。调瑟本要欢，心愁不成趣。良会诚非远，佳期今不遇。欲知幽怨多，春闺深且暮。"可见二人感情之深。从此之后，内子、外子的称谓才流传开来。

"外"与"内"相对，"表"与"里"相对，因此"外"和"表"就是同义词。"外妇"一词又称"表子"，明代学者周祈在《名义考》一书中曾经辨析过这两个称谓："俗谓倡曰表子，私倡者曰贾老。表对里之称，表子,犹言外妇。"什么叫"外妇"?颜师古解释道:"谓与旁通者",即私通之妇。"外妇"或者"表子"最早是指妻子之外的妾,娶了妾之后,妾也就属于男人了,妾之外的"外妇"自然就是指妓女。"表子"这个称谓即由此辗转而来,后来为"表"字增加了一个"女"字旁,成了直到今天还在使用的"婊子"一词。

《历朝名媛诗词》插图『刘令娴』清代陆昶评选,乾隆三十八年(1773)吴门陆氏红树楼刻本

  陆昶,生卒年不详,字少海(一说字梅垞),号重光,吴县(今江苏苏州)人。《历朝名媛诗词》共十二卷,收录王嫱、蔡琰、鱼玄机、薛涛、李清照等汉代至元代间两百余位名媛的诗词,前附名媛绣像及小传。此书为研究女性文学的重要资料。

  这幅绣像是书中插图之一,画的是刘令娴。刘令娴是南朝梁彭城人,嫁东海徐悱为妻。有才学,能为文。悱仕晋安郡,卒,丧归京师。令娴为祭文,凄怆哀感,为世传诵。其诗多写闺怨,文集已佚,存诗八首,最著名的便是《答外诗》二首。虽然夫妻琴瑟和谐,令后人艳羡,但聚少离多,丈夫又于任上猝然离世,刘令娴的后半生大约是愁苦悲凉的吧。

疆

用弓来度量相邻的两块田

疆场翼翼，黍稷彧彧

——《诗经》

❶　　　　　❷

"疆"这个汉字，今天使用的义项主要是疆界、边疆、疆场，总之都跟边界有关。不过，这个字被造出来的样子及其演变，甚至包括最常使用的"疆场"一词，都有着非常有趣的丰富的变迁内容。

"疆"最初写作"畺"，甲骨文字形❶，一望可知，这是两块田相邻之形。甲骨文字形❷，左边添加了一张弓。金文字形❸，弓的形状更是栩栩如生。徐中舒先生在《甲骨文字典》中解释说："古代黄河下游广大平原之间皆为方形田囿，故畺正像其形。从弓者，其疆域之大小即以田猎所用之弓度之。"

疆域的大小为什么会用弓来度量呢？这是因为最原始的计量土地长度和面积的方法肯定是用脚步，一般而言六尺为一步，周代之后就一直沿用下来；而古人田猎，弓又是最常携带的必备工具，古制弓的长度就是六尺，与步相应，因此"步"和"弓"两种计量名称相互通用。

疆，金文字形❹，下面又添加了一个"土"，其实属于画蛇添足之举。但无论如何，这个字形最终成为直到今天使用的定型汉字。《说文解字》："畺，界也。

从畕，三其界画也。"张舜徽先生在《说文解字约注》一书中总结道："以造字言，畕为最初古文，其后增体为畺，复增为疆。今则疆行而畕畺并废矣。"

我们今天使用的"疆场"一词，指战场，其实是一个误用了数百年的词汇。"疆场"之"场"属于错别字，本字是"埸（yì）"，右边从"易"，而不是繁体字的"場"。

"埸"和"場"有着重大的区别："場"的本义是整理好的平坦的空地，比如现在很多农村还能够看到"扬场"的景象，把禾穗上打下来的谷粒运到空地上，用木锨铲起来簸扬，借风力吹去尘土和谷壳，在平坦的空地上簸扬，故称"扬场"；而"埸"的本义是田界。

大的田界称"疆"，小的田界称"埸"，"疆埸"连用则泛指田界。如果按照今天的用法写成"疆场"，词义就无法成立。《诗经·小雅·信南山》是一首歌颂周王室祭祖祈福的诗篇，其中有两句是对农业生产的详细描绘，同时也可以看出"疆埸"这个称谓所表达的准确含义："疆埸翼翼，黍稷彧彧。"意思是指田地的疆界整整齐齐，小米和高粱则生长茂盛。"中田有庐，疆埸有瓜。"田地中间有看守者的庐舍，田地的边界种的有瓜果。

"疆埸"因为指田界，于是顺理成章地引申为国界。《左传·桓公十七年》载："于是齐人侵鲁疆，疆吏来告，公曰：'疆埸之事，慎守其一，而备其不虞。姑尽所备焉。事至而战，又何谒焉？'"

齐国入侵鲁国边境，鲁桓公说："边境之事，谨慎防守自己一方，以防备发生意外。姑且尽力防备就是了。敌人进攻就战斗，又何必来报告呢？"

"疆埸"既为两国边境，当然容易发生战事，因此"疆埸"又引申为战场。直到唐宋，指代战场的从来就是"疆埸"一词，比如杜牧《为中书省门下请追尊号表》："今陛下用仁义为干戈，以恩信为疆埸，所求必至，有斗必先。"大约从元代开始，出身市民阶层的作家们开始眼花，把"埸"字误看作"场"字，"疆埸"遂一误而为"疆场"，一直误用到了今天，可发一叹！